하루 10분,
엄마놀이

놀아주는 게 세상에서
가장 힘든 엄마들을 위한

하루 10분, 엄마놀이

이임숙 지음

카시오페아
Cassiopeia

프롤로그
아이와 재미있게 노는
엄마 아빠가 많아지기를 바라며

지혜롭고 현명한 부모는 '놀 줄 아는 아이'로 키우기 위해 애를 씁니다. 하지만 놀아주는 건 너무 힘이 듭니다. "나는 놈 위에 노는 놈 있다", "노는 놈이 성공한다", "아이들은 놀 줄 알아야 한다"고 모두 말하지만 어떻게 해야 잘 놀 수 있는지 방법은 너무 막연하지요. 결국 놀아주다 지친 부모는 아이가 환호하는 장난감과 두뇌발달에 효과적인 교구들을 사주기 시작합니다. 하지만 그렇게 졸라대던 장난감을 사주어도 일주일을 넘기기가 어렵습니다. 또다시 신상품에 눈을 돌리고 놀 게 없다며 투정을 부리기 시작합니다.

아이들 상황도 좋지 않습니다. 최고의 소망은 놀고 싶은 거지만 놀 시간도 부족하고, 어쩌다 놀아도 그리 만족스럽지가 않습니다. 게다가 장난감이나 컴퓨터, 스마트폰이 없다면 어떻게 놀아야 할지 모릅니다. 밖에 나가서 실컷 놀고 싶지만, 해야 할 일이 많고 엄마의 관리를 받아야 하니 자유롭게 놀지도 못합니다. 아이들에게 놀이란, 늘 갈증 나는 대상이 되어버렸습니다. 제대로 놀 줄 모르는 우리 아이에게 도움이 필요합니다.

이런 아이가 안타까워 부모는 잘 놀아주고 싶습니다. 놀아주고는 싶은데 너무 힘이 들고, 어떻게 놀아야 할지 몰라서 답답하고, 날로 비싸지는 장난감에 공연히

화가 납니다. 제대로 놀 줄 몰라 아무리 놀아도 아이가 칭얼대기만 한다면, 지금 계속 이런 상황이 반복되고 있다면 아이와의 놀이에 대해 다르게 생각해볼 때입니다.

그렇다면 어떻게 놀아야 할까요? 지금 힘든 문제를 뒤집어 생각하면 우리에게 필요한 것이 무엇인지 쉽게 정리가 됩니다. 엄마 아빠가 놀아주기 쉽고, 놀아주다 보면 자신도 모르게 빠져들어 몰입하는 놀이가 필요합니다. 당연히 재미있고 돈이 들지 않는 것이 더 좋습니다.

이 모든 조건을 충족시키는 놀이가 바로 '종이 한 장 놀이'입니다.

아이들과의 상담에서는 놀잇감이 필요할 때가 많습니다. 아이가 자신의 마음을 제대로 표현하기 어렵기 때문입니다. 놀면서 아이의 말과 행동, 표정과 몸짓을 관찰하며 아이를 이해하고 마음속 어려움을 해결하는 길을 찾아갑니다. 다양한 장난감과 보드게임을 활용하지만 이상하게도 아이들은 완제품 장난감보다 즉석에서 어설프게 간단하게 만든 놀잇감에 더 애착을 느끼고 즐거워합니다. 소박하고 단순한 소재에 아이디어를 보태어 놀 때 더 신나고 즐거워합니다.

종이를 대강 뭉쳐서 공이라 부르고, 종이 한 장 멀찍이 떨어뜨려 놓고 골대라 부릅니다. 종이 공을 던져 누가 몇 번 골대에 넣는지 시합하며 온 마음을 열고 자

신을 내보이기 시작합니다. 그 모습을 보며 아이들에게 가장 중요한 것이 무엇인지 다시 깨닫게 되었습니다. 이런 경험이 모이고 모여 '종이 한 장으로 노는 놀이'가 탄생했습니다.

엄마 아빠 누구라도 먼저 시작해보기 바랍니다. 최근 몇 년간 수십 곳의 어린이집, 유치원, 도서관 등에서 엄마 아빠들을 모아놓고 직접 종이놀이를 전수했습니다. 재미에 빠져들지 않는 사람이 없었습니다. 어린이집 원장님과 선생님, 엄마, 아빠, 할머니까지 모두 아이 같은 표정으로 천진난만하게 웃으며 재미있어했습니다. 10여 가지의 종이놀이를 경험한 후 다들 한 목소리로 다음과 같이 말합니다.

"이렇게 간단한 게 왜 이렇게 재밌어요? 어릴 적 생각이 나서 너무 좋아요!"
"이렇게 놀아주면 되는 걸 몰라서 애만 고생시켰네요."
"망치로 머리를 한 대 맞은 기분이에요. 중요한 걸 놓치고 있었다는 생각이 들어요."
"10만 원 굳었어요. 애가 하도 장난감 사달라고 해서 오늘 사러 가려고 했거든요. 이렇게 놀아주면 한동안 아이가 장난감 사달라는 말 안 할 것 같아요. 사줘도 일주일도 안 가지고 노는데, 이건 아무 때나 쉽게 할 수 있으니 너무 좋아요."

모두들 놀아주는 게 너무 어렵다고 하소연하던 엄마 아빠였습니다. "종이로 노는 거 참 쉽죠?"라고 물으니 다 같이 어린아이처럼 웃으며 "네!" 하고 합창하듯 대답합니다. 누구나 이런 경험을 하게 되리라 확신합니다.

소개하는 놀이들은 필자가 어릴 적에 하던 놀이, 누군가에게 배웠던 것을 응용하고 변형시킨 놀이, 상담실에서 아이들과 머리를 맞대고 창의적으로 만들어낸 놀이, 책과 자료 검색으로 알게 된 놀이입니다. 정확하게 출처를 찾아 하나하나 밝혀야 하는 것이 맞는 일이지만, 대부분의 전래놀이나 수학, 과학놀이가 그러하듯 놀이의 출처를 찾기가 어려웠습니다. 비슷한 놀이를 실어놓은 책에서조차 마찬가지였습니다. 그나마 조금이라도 출처를 밝힐 수 있는 놀이는 참고문헌으로 대신합니다.

편안하고 따뜻한 저녁 시간, 집집마다 온 가족의 밝은 웃음소리가 들리는 세상을 만드는 데 작은 도움이 되기를 바랍니다.

2016년 3월
이임숙

CONTENTS

프롤로그 아이와 재미있게 노는 엄마 아빠가 많아지기를 바라며 4

1 종이 한 장으로 세상에서 가장 쉬운 놀이를

지금 아이와 제대로 놀고 있나요? 15
이런 놀이가 필요해요 16
재미! 재미! 재미있게 놀고 싶어요 19
내가 그동안 뭐했는지 모르겠어요 21
종이놀이로 얻는 심리적, 교육적 효과 23
놀이 후 피드백이 중요해요 24
마음 놀이 앨범 만들기 26

2 종이 한 장으로 키우는 흥미진진 창의성 놀이

종이놀이로 창의성을? 31
엄마놀이 01 배 위에 종이 올리고 달리기 34
엄마놀이 02 인형 던져 종이 안에 골인! 36
엄마놀이 03 발바닥 종이 스키 38
엄마놀이 04 입바람 불어서 목적지 도착하기 40
엄마놀이 05 구멍 뚫고 손가락 알아맞히기 42
엄마놀이 06 발로 종이접기, 찢기 45
엄마놀이 07 종이 길게 찢기 48

엄마놀이 08	자유 낙서와 퍼즐 놀이 50
엄마놀이 09	알까기 53
엄마놀이 10	스크래치 놀이 56
엄마놀이 11	그림 반쪽 붙여놓고 나머지 반쪽 그리기 58
엄마놀이 12	길게 이어진 인형 만들기 61

 **인기 있는 아이로 키우는
웃음 가득 사회성 놀이**

종이놀이로 인기 있는 아이로 키우기 67

엄마놀이 13	종이에 탁구공 올리고 경주하기 70
엄마놀이 14	종이 뒤집기 게임 72
엄마놀이 15	사다리 타기 74
엄마놀이 16	둘이 한 손가락으로 종이 옮기기 76
엄마놀이 17	고깔과 공 만들어 공 받기 79
엄마놀이 18	눈 감고 달팽이길 찾기 82
엄마놀이 19	종이를 얼굴에 붙이고 불어서 떨어뜨리기 85
엄마놀이 20	왕관 만들어 왕-신하 놀이 88
엄마놀이 21	오목 놀이 90
엄마놀이 22	오목이 아닙니다 놀이 93
엄마놀이 23	종이 징검다리 96
엄마놀이 24	삼등분 사람 그리기 99

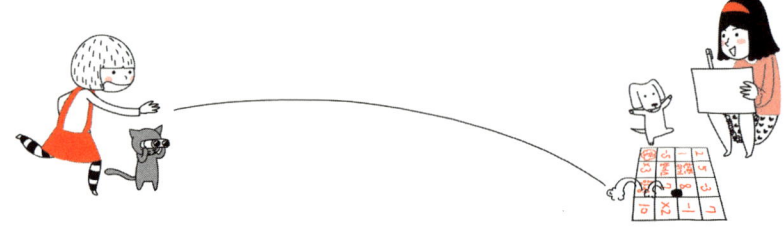

 말이 술술 글이 잘잘, 신나는 말놀이 글놀이

종이로 펼쳐가는 말과 글의 세상 **105**

엄마놀이 25 기억력 게임 **108**

엄마놀이 26 빙고 게임 **111**

엄마놀이 27 단어카드로 이야기 만들기 **114**

엄마놀이 28 그림노래 놀이 **116**

엄마놀이 29 편지 숨바꼭질 **118**

엄마놀이 30 말하는 대로 글쓰기 **120**

엄마놀이 31 책 만들기 **122**

엄마놀이 32 지시하는 대로 그리기 **124**

엄마놀이 33 가면 만들어 역할극 하기 **127**

 나도 모르게 빠져드는 재미있는 수학놀이

종이 속에 숨은 즐거운 수학놀이 **133**

엄마놀이 34 숫자 10 만들기 빙고 게임 **136**

엄마놀이 35 미니 사방치기 **138**

엄마놀이 36 주사위 3개로 숫자 1~18 만들기 **141**

엄마놀이 37 가게 놀이, 경매 놀이 **144**

엄마놀이 38 숫자 칸 만들어 점수 따기 **147**
엄마놀이 39 과녁 만들어 점수 따기 **150**
엄마놀이 40 점 찍어 삼각형 만들기 **153**
엄마놀이 41 보드게임판 만들기 **156**
엄마놀이 42 1~30 숫자 적어 순서대로 찾기 **159**
엄마놀이 43 규칙 찾기 놀이 **162**

눈이 반짝반짝! 신기한 과학놀이

종이의 신기한 힘 **167**
엄마놀이 44 종이에 동전 많이 올리기 **170**
엄마놀이 45 정전기 놀이 **173**
엄마놀이 46 8조각 탑 쌓기 **176**
엄마놀이 47 종이로 마법책 만들기 **179**
엄마놀이 48 비밀편지 쓰기 **182**
엄마놀이 49 종이 한 장으로 코끼리 통과시키기 **184**
엄마놀이 50 돌돌 만 종이 위에 그림책 놓고 올라서기 **187**

참고문헌 **190**

지금 아이와 제대로 놀고 있나요?

"엄마, 나랑 놀자. 응?"
"아빠, 나랑 놀아요. 네?"
아이가 이렇게 말하면 어떤 느낌이 드시나요? 반가운 느낌인가요? 아니면 걱정되고 한숨이 나요? 반갑고 사랑스러운 느낌이 강하다면, 아이와 노는 것을 좋아하거나 놀 줄 아는 부모일 겁니다. 반대로 아이가 놀자고만 하면 도망가고 싶고 한숨이 나고 너무 놀기만 하는 것 같아 걱정이 크다면 어쩌면 엄마 아빠는 놀아줄 줄 모르거나, 아이의 끝없는 놀이 타령에 지쳐 힘들거나, 너무 놀려고만 하는 태도가 걱정되어 그만 놀고 공부에 매진하기를 바라는 것일 수도 있습니다.

지금 아이와의 놀이는 어떤가요? 놀이에 관심 있는 부모라면 당연히 놀이가 아이의 '행복', '성장'과 분리될 수 없는 중요한 요소라는 걸 아실 겁니다. 하지만 현실에서 놀이는 엄마 아빠가 바라는 것과 전혀 다른 그림이 그려집니다.

아이도 마찬가지입니다. 잘 놀 줄 아는 아이가 많지 않습니다. 잘 놀기를 바라며 노는 시간을 주어도 창의적이고 발달에 도움이 되는 놀이를 하는 게 아니라, 게임이나 스마트폰에 집착합니다. 그게 아니면 아이의 정신을 쏙 빼앗아간 유행하는 비싼 장난감에 매달립니다. 신기한 장난감에 마음을 뺏긴 아이는 며칠 가지 않아 또다시 신제품에 눈을 돌리고 새로운 걸 사달라고 떼를 씁니다. 아무리 비싸도 그것의 가치 수명은 일주일 정도밖에 안 되는 것 같습니다. 놀이가 중요한 줄 알지만 아이의 현실은 여전히 제대로 된 놀이와 거리가 멉니다.

아이와의 놀이는 부부관계에도 영향을 미칩니다. 엄마는 힘센 아빠가 더 잘 놀아주길 바라고, 아빠는 엄마가 왜 제대로 놀아주지 못하는지 의아해합니다. 결국엔 장난감으로 놀아주지 못한 빈자리를 채우게 되지요. 하지만 이 또한 너무 비싼 가격과 끝없이 신상품을 요구하는 아이 때문에 문제가 생깁니다. 장난감과 교구를 사주는 문제에 대해 엄마 아빠가 서로 의견이 달라 답답해하며 싸움으로 번지기도 합니다. 이런 일을 이제 그만 하면 좋겠습니다. 이렇게 놀이가 어려운 과제가 되어버린 상황이라면 다른 놀이에 관심을 가져보면 어떨까요?

이런 놀이가 필요해요

'놀이' 하면 어떤 놀이가 떠오르나요? 활동적인 '바깥 놀이'만 떠오른다면 이제 좀 다르게 생각해보면 좋겠습니다. 아이와의 놀이에 대한 고정관념은 우리에게 활동적인 바깥 놀이를 가장 먼저 떠올리게 합니다. 집에서 노는 경우에도 에너지를 발산하는 '몸놀이'를 생각합니다. 그러니 놀이가 어렵게 느껴질 수밖에 없지요.

이제 고정관념에서 벗어나 놀이에 대해 새로운 개념을 가져보세요. 놀이의 종류는 다양합니다. 장소에 따라 '실내 놀이'와 '바깥 놀이'가 있고, 누군가와 함께하는가에 따라 '혼자 놀이'와 '함께 놀이'가 구분됩니다. 움직이는 정도에 따라 '조용한 놀이'와 '활동적 놀이'로 구분할 수 있습니다.

지금까지는 '밖에서 함께하는 활동적 놀이', 혹은 '집에서 엄마 아빠와 함께하는 활동적 놀이'를 생각했을 겁니다. 놀이가 그것만 있는 게 아닙니다. 이젠 '조용한 놀이'와 '혼자 놀이'에도 관심을 가지면 좋겠습니다. 조용하지만 의외로 재미있고, 혼자 놀아도 만족스러운 놀이가 있으니까요.

한번 기억을 떠올려보세요. 어릴 적 혼자 좋아하는 인형이나 로봇을 그리지 않았나요? 그것을 그리는 동안 재미있고, 완성된 그림을 보며 만족스럽지 않았나요? 찬란했던 놀이의 기억을 되살려보면 엄마 아빠는 참으로 다양한 놀이를 즐기며 자랐음을 알 수 있습니다.

그중에서 예전과 달라진 지금의 상황과 환경에서도 응용할 수 있는 놀이가 있습니다. 조용히 놀 수도 있고 활동적으로 놀 수도 있고, 혼자 놀 수도 있고 누군가와 함께 놀 수도 있습니다. 중요한 건 아이가 재미있게 몰입하면서도 흥미와 의욕을 불러일으키고 더 다양한 생각과 능력들을 키워갈 수 있다는 사실입니다.

활동적인 놀이에 대해서는 얼마든지 쉽게 정보를 구할 수 있으니 여기서는 아주 간단하게 집안에서 충분히 할 수 있는 놀이, 조금 활동적이지만 그리 과하지 않은 놀이, 조용하게 놀 수도 있고 혼자서도 할 수 있는 놀이를 소개하려 합니다. 온 가족이 함께, 쉽게, 재미있게 잘 노는 놀이입니다.

이런 놀이가 되려면 전제 조건이 있습니다.

첫째, 엄마도 아빠도 즐겁게 놀 수 있어야 합니다. 아이와의 놀이가 힘든 것은 분명 숙제하듯 놀아주려 애쓰기 때문입니다. 엄마 아빠가 즐겁게 논다면 아이도 아주 즐겁고 만족스러워집니다. 그러니 엄마도 아빠도 잘 놀 수 있는 놀이여야 합니다.

둘째, 집안에서 번거롭지 않은 재료로, 많이 움직이지 않고도 재미있는 놀이가 필요합니다. 활동적인 몸놀이를 잘할 수 있는 부모는 많지 않습니다. 그러니 집안에서 할 수 있고, 많이 움직이지 않아도 되는 놀이가 필요합니다. 때로는 아이 혼자서도 놀 수 있으면 더 좋겠지요.

셋째, 비싼 교구일수록 효과적일까요? 절대 그렇지 않습니다. 비싼 만큼 멋지고 화려해서 관심을 확 끌기는 하지만 정작 우리 아이에게 핑고민큼 효과적이라는 보장은 없습니다. 그 교구가 가진 효과를 깎아내리는 게 아닙니다. 비싼 만큼 기대치가 높아져서 아이를 들볶기 때문이지요. 더 자주 더 많이 갖고 놀라고 잔소리하는 순간 아이에겐 심리적 부작용이 생기기 시작합니다. 관심도 재미도 사라지지요. 엄청난 효과가 있다는 바로 그 장난감은 이제 꼴 보기 싫어질 수도 있습니다. 그러니 돈 들지 않고 번거롭지 않으면서 효과도 훌륭한 놀이가 필요합니다.

우리 아이에게 필요한 놀이는 바로 이런 놀이입니다.

① 아이가 좋아하고, 돈 안 드는 놀이
② 엄마 아빠도 즐겁고, 많은 준비가 필요하지 않은 놀이
③ 놀다 보면 은근 중독성이 있어서 계속 하고 싶어지는 놀이

④ 놀기만 했는데도 뭔가 배우고 성장하는 놀이

이 기준을 모두 만족하는 놀이가 있습니다. 바로 '종이 한 장으로 노는 놀이'입니다. 가장 쉽게 사용하는 A4 용지를 기준으로 생각하면 됩니다. 물론 이면지를 활용해도 좋고 잡지나 홍보 책자를 찢어서 활용해도 충분합니다. 중요한 것은 간단한 종이 한 장으로 재미있게 놀고 배우면서 많은 놀이가 가능하다는 사실입니다. 아직 이런 놀이가 있다는 게 믿어지지 않는다면, 다음 장에서 그 놀이들을 확인해보세요. 일단 한 번만 해보면 두 눈 반짝이며 즐거워하는 아이를 만나게 된답니다.

재미! 재미! 재미있게 놀고 싶어요

"재미가 좀 있었으면 좋겠어요."

상담실에 온 아이들은 하나같이 이렇게 말합니다. 마음의 어려움을 겪는 현실적인 원인은 다양하지만, 마음 깊은 곳에서 하나같이 바라는 건 결국 재미있었으면 좋겠다는 것이었습니다. 아이에게 재미가 얼마나 중요하길래 이렇게 말하는 걸까요? 아이들의 말을 잘 들어보면 금방 알 수 있습니다. 어른들이 제공하는 모든 장난감과 놀이, 교육과 체험을 아이들이 평가하는 기준은 단 두 글자 '재미'입니다. 재미있으면 열심히 하고, 재미가 없으면 하고 싶지 않습니다. 어린 유아부터 초등학생, 청소년도 마찬가지입니다. 자라는 아이들에게 하루 동안 느껴야 할 재미란 삼시 세끼 먹어야 하는 밥과 똑같습니다.

하지만 재미있게 놀기가 쉽지 않습니다. 심심하다며 징징거리는 아이에게 놀도록 허락해주어도 장난감이 없거나 친구가 없어서 제대로 못 놉니다. 엄마 아빠에게 놀아달라고 매달리면 마음먹고 놀아주긴 하지만, 함께 노는 게 아니라 억지로 놀아주려 애쓰다 보니 힘만 들고 재미가 없습니다. 놀아주는 엄마 아빠가 재미없게 느끼면 아이도 마찬가지입니다. 그래서 한참을 노력해서 놀았지만 만족스럽게 즐거운 적은 별로 없습니다.

한번 가만히 생각해보세요. 놀이를 시작해서 정말 재미있게 끝난 적이 몇 번이나 될까요? 어떤 이유에서든 짜증을 내거나 혼내면서 끝나는 경우가 더 많습니다. 놀이 때문에 생기는 부모 자녀 간의 갈등도 만만치가 않습니다. 엄마 아빠는 조금만 놀아줘도 너무 힘든데 에너지가 넘치는 우리 아이들은 늘 놀이가 부족하다고 여기니 그럴 수밖에 없겠지요.

또 있습니다. 엄마 아빠는 "아까 많이 놀았잖아"라고 혼내고 아이는 "내가 언제 놀았어요? 하나도 못 놀았는데…"라며 억울해하는 경우입니다. 이런 일이 생기는 이유는 간단합니다. '놀이'와 '휴식'의 개념을 구분하지 않는 부모는 아이가 조금 뒹굴며 쉬거나 TV만 보아도 '많이 놀았으니' 숙제하고 공부하라고 아이를 다그치기 때문이지요.

이제 구분해서 생각하면 좋겠습니다. 쉬는 건 놀이와 다릅니다. 아이는 재미있다고 느끼는 양이 채워져야 만족합니다. 이런 만족감이 과제와 의무를 수행하는 심리적 자원이 됩니다. 하지만 지금, 사랑하는 우리 아이들은 그렇지 못합니다. 그러니 무조건 잘 놀라고 말하기 전에, 많이 놀아줬으니 이제 숙제하라고 말하기 전에, 아이의 놀이가 재미있고 만족스러웠는지 살펴보았으면 합니다.

혹시 아이가 짜증을 내거나 의욕이 없거나 해야 할 일을 싫어한다면, '성격이 나쁘다', '공부를 싫어한다'고 오진하지 마시기 바랍니다. 정확한 진단은 '재미가 부족하다'입니다.

올바른 처방도 필요합니다. 재미가 부족하니 재미있게 놀아야 합니다. 이럴 땐 조용히 앉아서 종이 한 장을 꺼내 놀이를 시작해보세요. 1분도 되지 않아 환하게 웃는 아이로 변신할 수 있답니다. 물론 재미가 있으면 또 계속하자고 할 거예요. 이럴 땐 아이에게 물어봐 주세요. 몇 분 동안 하고 싶으냐고요. 아이들은 생각보다 과한 요구를 하지 않습니다. 장난으로 계속하고 싶다고 말할 수도 있지만 그건 그야말로 장난치는 거지요. 장난 한번 치고 나서 다시 물어보면 됩니다. 혹시 아이가 요구하는 시간이 과하다 생각되면 협상하듯 즐겁게 합의하시기 바랍니다.

내가 그동안 뭐했는지 모르겠어요

25년 경력의 어린이집 원장님이 하는 이야기입니다.

"종이 한 장으로 응용할 수 있는 게 이렇게 많은 줄 몰랐어요. 아이들이 무척 좋아하고 효과도 큰 걸 보면서 정작 중요한 걸 놓치고 세월을 보낸 것 같아 아쉬워요."

요즘 아이들, 장난감이 없으면 놀 게 없어서 못 논다고 말합니다. 제품으로 만들어진 장난감이 아니면 놀 수 없다고 생각하는 것 같습니다. 그렇게 놀고 싶다고 아우성치지만 정작 진짜 놀이는 할 줄 모르지요. 아무것도 없어도 나가기만 하면 무엇이든 놀잇감으로 만들어 놀았던 세대와는 정말 다릅니다. 작은 돌을 주워 공기놀이를 하고, 땅바닥에 그림 그려 사방치기를 하고, 깡통 하나만 있어도 종일 뛰어다니던 그 좋은 놀이들은 더 이상 아이들에게 전해지지 않고 있습니다.

부모와 자식 간에 사라진 대화가 있습니다. 예전엔 학교만 다녀오면 가방 던져놓고 "놀다 올게요!" 하고 소리치면, 엄마는 "잘 놀다 와"라고 대답했지요. 지금도 그렇게만 할 수 있다면 부모가 놀이에 대해 이렇게 고민하지 않아도 될 겁니다. 그 시절로 되돌아가고 싶지만 환경도 상황도 너무 달라져 어렵습니다. 아이에게 그런 놀이의 자유를 허락한다 해도 아이를 혼자 내보내서 놀게 한다는 걸 생각하기 힘든 환경입니다. 그러니 지금 상황에서 우리 아이가 잘 놀 수 있는 놀이를 연구하고 개발해야 합니다.

그런데 좀 더 기억을 더듬어보면 예전에도 활동적인 바깥 놀이만 했던 것은 아닙니다. 조용히 앉아서 친구들과 어울려 종이를 응용해서 노는 적도 많았습니다. 직접 종이에 인형과 인형 옷을 그리고 오려서 입혀가며 논다거나, 책상에 앉아 종이 위에 축구 골대를 그려놓고 책받침을 오려서 만든 작은 축구공으로 연필로 튕겨가며 축구 놀이하던 것 기억나지 않나요? 여기저기 점을 찍어 한 줄씩 이어가며 삼각형을 만들던 땅따먹기 놀이도 있었지요. 이런 놀이를 전수해야 하지 않을까요? 종이 한 장으로 아이 마음도 키우고 창의성도 키우는 놀이 방법을 계속 연구해야 합니다.

앞의 어린이집 원장님이 가장 좋아한 놀이는 '배 위에 종이 올리고 떨어뜨리지 않고 달리기'였습니다. 어린이집에서 해보았는데 아이들이 너무 좋아하고 재미있어했을 뿐만 아니라 선생님도 모두들 즐거웠다고 했습니다.

만족스러운 놀이를 하고 나니 아이들과 소통도 더 잘되었다고 말이지요. 2장에 그 놀이 방법이 있으니 지금 바로 시작해보면 어떨까요? 간단하지만 빵빵한 재미를 품고 있는 종이놀이를 시작해보기 바랍니다.

종이놀이로 얻는 심리적, 교육적 효과

종이 한 장으로 놀면 심리적, 교육적으로 어떤 효과가 있을까요? 진짜 놀아보면 그 효과를 알게 됩니다. 아이들이 얼마나 열심히 놀고 즐거워하는지, 새로운 놀이 방법을 끊임없이 만들어내고 제안하고 창조해가는지 말입니다. '무에서 유를 창조하는 아이'라 말하면 너무 거창한가요? 그렇지 않습니다. 어른들이 제안하는 기본 방법에서 아이들이 창의적으로 발전시켜가는 모습은 때때로 눈이 부실 지경입니다.

작은 것으로 큰 것을 창조하는 진정한 창의력은 쉬운 놀이에서 시작됩니다. 흰 종이 한 장으로 놀며 무한하게 상상할 수 있고, 마음대로 창조할 수 있지요. 게다가 두 사람 이상이 함께 놀 땐 서로 의견을 말하고 조율해가는 인간관계의 기본적인 소통에 관해 배울 수 있습니다. 자신의 몸을 움직여 힘을 조절하고, 감정과 생각을 균형 있게 맞추어가는 방법을 터득하게 된답니다.

정해진 규칙이 없기에 규칙을 만들어가는 놀이에서는 다양한 상황을 경험합니다. 서로 새로운 아이디어를 내고 협상하여 해결해가는 문제 해결력을 키우는 데 효과적이에요. 단지 종이 한 장으로 노는 것뿐인데, 아이는 다음과 같은 것들을 익힐 수 있습니다.

창의력 새롭고 독창적이고 유용한 것을 만들어내는 능력

사고력 생각하고 궁리하는 힘

문제 해결력 문제가 적절히 해결되지 않았을 때 다른 해결 방안을 지속해서 시도할 수 있는 사고 능력

주의 집중력 마음이나 주의를 집중하는 힘

자기 조절력 감정과 생각, 신체를 포함하여 자기를 조절하는 힘

노는 게 정말 중요하다는 걸 다시 한 번 느끼게 되지요? 종이 한 장으로 노는 게 뭐 그리 효과가 있을지 의심이 된다면 일단 한번 놀아보세요. 은근히 재미에 빠져드는 자신을 발견할 수 있을 겁니다. 규칙을 정하고, 함께 놀면서 이야기를 나누고, 새로운 아이디어도 만들고, 더 좋은 방법을 찾으려 생각을 멈추지 않습니다.

어떻게든 이기고 싶은 유혹에 반칙을 사용해보기도 하지만, 상대의 반칙에 화내면서 역지사지로 배워가게 됩니다. 더 잘 놀기 위해 집중하는 힘은 말할 것도 없지요. 종이 한 장으로 노는 '소박한 놀이'가 아이에게 주는 교육적, 심리적 효과가 더 크다는 사실을 꼭 경험해보세요.

놀이 후 피드백이 중요해요

원래 피드백은 행동이나 그 결과에 대한 반응을 본인에게 알려주는 것을 말합니다. 그래서 어른이 아이에게 하는 피드백은 자칫 부정적인 평가를 하

게 되는 경우가 많습니다. 결국 잘못을 지적하는 의미가 되어버리지요. 이런 대화는 아이의 성장과 발전에 도움이 되기 어렵습니다. 아이가 잘한 점, 좋았던 점을 먼저 말하는 게 바람직합니다. 그래야 자신 있게 새로운 도전을 할 수 있으니까요.

그런데 이보다 더 좋은 방법은 바로 아이가 자신의 말과 행동을 스스로 평가해보는 것입니다. 이 또한 잘못을 자아비판 하는 것이 아니라 '무엇이 가장 즐거웠는지', '어떤 점을 잘했는지' 이야기 나누는 것이지요. 아이가 단순히 재미있다고만 말한다면 다음과 같은 질문으로 생각을 확장해주세요.

"어떤 점이 재미있어?"
"뭐가 좋았어?"
"다음에 놀 땐 어떻게 하면 더 좋을까?"

이런 이야기를 나누기만 해도 아이는 다음엔 어떻게 다르게 할지 생각하고 새로운 계획을 세우기 시작합니다. 엄마 아빠는 맞장구치고 지지해주기만 하면 됩니다. 그럼 아이는 더 다양한 생각을 키우게 되지요. 부모가 설명하듯 말하는 것보다 아이 입에서 나오는 평가가 훨씬 더 큰 힘을 발휘한답니다. 물론 아이가 생각하지 못하는 새로운 방법을 살짝 보태어주는 것도 좋습니다.

놀이가 끝난 후 놀이에 대해 전체 피드백을 하는 것도 중요합니다. "이렇게 놀아보니 어때?"라고 꼭 소감을 물어보세요. 똑같은 놀이를 해도 서로 소감을 나눈 경우와 그렇지 않은 경우는 놀이를 다르게 기억합니다.

"우리 같이 노니까 정말 재미있었지"라며 교감하는 대화를 나눈 경우와

"아, 노는 것도 정말 힘드네"라며 푸념하고 끝낸 경우, 아이는 놀이를 어떤 생각과 감정으로 기억하게 될까요? 즐겁게 놀고 나서 뿌듯함으로 기억하기 위해서는 서로 함께한 시간에 대한 피드백이 매우 중요합니다.

마음 놀이 앨범 만들기

아이의 모습을 사진으로 담아 앨범으로 남기는 건 엄마라면 누구나 하는 일이지요. 쑥쑥 자라는 아이의 모습을 사진으로 남기는 것은 정말 중요하답니다. 그런데 몸이 자라는 앨범 말고 마음이 자라는 앨범을 만들어보면 어떨까요? 우리 아이가 커가는 동안 마음이 어떻게 자라는지 앨범을 만들어보세요. 놀이하는 아이의 옆모습, 몰입하는 모습, 놀면서 깔깔 웃는 모습, 마음대로 안 돼서 찡그리는 모습을 사진으로 찍어보세요. 바로 그 모습이 바로 아이의 마음이 자라는 모습이랍니다. 사진을 찍을 땐 이렇게 말해주세요.

"네가 집중하는 모습이 얼마나 멋있는지 알아?"
"야, 두 눈이 정말 반짝이는구나."
"망친 것 같아도 나중에 보면 이런 게 훨씬 더 재미있어."

이런 말로 격려하면 아이는 더 놀이에 몰입하게 된답니다. 참, 노는 동안 구겨지고 찌그러지는 종이나 놀이 중간의 모습과 완성된 모습도 찍어주세요. 놀다 보면 망가지기도 하는데 그런 사진이 더 의미가 있어요.

앨범을 만드는 방법은 잘 아실 겁니다. 한 가지 놀이를 진행하면서 3~4장 정도를 찍어 인화하거나 흑백으로 출력해서 사진을 준비합니다. 스프링 노트에 바로 붙여도 좋고, 따로 종이에 붙여 책처럼 제본해도 좋습니다. 각각의 사진 밑에는 년, 월, 일과 활동 이름을 써서 앨범을 채워나갑니다. 뭔가 더 하고 싶은 말이 있다면 써보세요. 아이 마음을 표현한다면 아주 멋진 포토에세이가 될 테니까요. 놀이하는 양에 따라 1년에 몇 권의 마음 놀이 앨범도 완성할 수 있답니다.

다른 방법으로는 포토북을 만드는 것도 좋습니다. 사진을 저장해두었다가 일정량이 되면 인터넷에서 포토북 제작하는 회사를 검색해보세요. 예쁘고 다양한 책 모양을 선택하고 사진도 마음대로 편집할 수 있으니 좀 더 완성도 높은 결과물을 얻을 수 있어요. 자기만의 '마음 놀이 앨범'을 갖게 된 아이들이 뿌듯하고 기뻐하는 모습을 직접 보게 되기를 바랍니다.

2

종이 한 장으로 키우는
흥미진진 창의성 놀이

종이놀이로 창의성을?

　단순히 종이로 노는 게 과연 창의성을 키울 수 있을까요? 창의성의 사전적 의미는 새롭고 독창적이고 유용한 것을 만들어내는 능력입니다. 전통적 사고에서 벗어나 새로운 관계를 창출하거나, 비일상적인 아이디어를 산출하는 능력을 말합니다. 이런 기준에 맞추어 지금 우리 아이의 하루 일상을 점검해보세요. 우리 아이는 어떤 활동에서 새로운 것을 생각해내고 있나요? 독창적이고 유용한 것을 만들고 있나요? 전통적인 고정관념에서 벗어나 새롭게 연결하고, 엉뚱하지만 왠지 흥미가 생기는 아이디어가 불쑥불쑥 샘솟고 있나요?

　사실 어린아이가 제대로 할 수 있는 게 아무것도 없는데 어떻게 어른도 하기 힘든 이런 거창한 창의성을 발휘할 수 있을지 막막해지기도 합니다. 그러니 주변을 기웃거리며 누가 어떤 훌륭한 교재 교구를 사용하고 있는지 정보를 찾기 시작합니다. 하지만 이미 경험하셨을 겁니다. 창의성을 키운다는 비싼 학습지와 교구를 활용해도 큰 효과를 보지 못한다는 것을요.

만약 지금 그런 상황이라면 이제 종이놀이에 관심을 가져보면 좋겠습니다. 아직 '정말일까?' 하고 의심을 품을 수도 있지만, 딱 세 가지 놀이만 해보면 알게 됩니다. 단순한 놀이에서 시작해서 얼마나 다양한 아이디어가 샘솟기 시작하는지, 우리 아이가 얼마나 창의적인지 말입니다. 종이를 머리에 이고 걸으며 떨어뜨리지 않기 위해 어떤 전략이 필요한지, 종이를 배에 올린 채 떨어뜨리지 않고 더 잘 달리기 위해 어떤 몸짓이 더 효과적인지 아이들은 아주 빠르게 알아차리고 새로운 방법을 만들어냅니다.

그런데 이런 아이들의 반짝이는 아이디어를 별거 아니라고 무시하고 지나쳐버리는 엄마 아빠라면 점검해보아야 할 것이 있습니다. 바로 엄마 아빠의 창의성입니다. 아주 간단하게 엄마 아빠의 창의성을 진단해보겠습니다. 종이 한 장을 변형시키지 않고 놀 수 있는 방법, 몇 가지나 떠오르시나요? 처음엔 몇 가시밖에 생각나지 않을 겁니다. 그렇다고 자신의 창의성을 의심하지는 마세요. 조금씩 생각을 찾아내고 아이디어를 떠올리기 시작하면 점점 더 종류가 늘어납니다.

잘 놀 줄 모르는 부모를 위해 워크숍을 열 때마다 종이놀이의 종류를 스스로 찾아내도록 해보았습니다. 3~4명이 조를 짜서 토론하니 생각이 꼬리에 꼬리를 물어 수십 가지를 떠올리게 되었습니다. 한 팀만 그런 게 아니라 수백 명의 부모가 모두 그랬습니다.

종이를 활용한 놀이는 다양합니다. 종이 한 장을 그대로 변형 없이 가지고 노는 방법도 7가지나 됩니다. 접고 자르고 붙이는 것까지 활용하면 무궁무진해집니다. 놀기 시작하면 나도 모르게 계속 아이디어가 샘솟는 신기한 경험도 하게 됩니다. 엄마 아빠가 창의성이 부족하다고 걱정할 필요는 전혀 없습니다. 우리 아이의 창의성을 키우는 데 이렇게 간단한 종이놀이로 시작해도 전혀 부족함이 없습니다.

　창의적인 사람은 소비자가 아니라 생산자입니다. 만들어진 장난감과 교구에 빠져 소비적 활동만 하는 게 아니라 종이 한 장으로 남들이 생각하지 못한 방법을 찾아내고, 상관없어 보이는 아이디어 간의 새로운 관계와 공통성을 발견하고, 다양하게 조합하여 새로운 놀이를 창조하고 문제를 해결하는 능력이 바로 창의성입니다. 종이놀이는 이 모든 것이 가능합니다.

　우리 아이는 창의력의 씨앗을 가지고 태어났습니다. 창의적인 사람들의 특징인 '호기심, 노력, 몰입, 열정'을 모두 가지고 있습니다. 이런 특성을 키워주고 싶은데 막연하게만 느껴진다면 이제 종이놀이를 시작해보세요. 종이로 놀기 시작한 아이들은 호기심을 가지고 놀이에 빠져들며, 열정적으로 끝까지 잘 놀려고 노력합니다. 그사이 몰입은 저절로 얻을 수 있는 덤이지요. 종이는 무궁무진한 가능성을 품고 있고, 줄 하나만 그어도 수없이 창의적으로 생각할 수 있습니다. 이제 아이를 믿고, 종이놀이의 힘을 믿고, 한번 제대로 놀이를 시작해볼까요?

얇은 종이를 배에 올리고 달리면 떨어질까요, 안 떨어질까요? 빨리 달리면 떨어지지 않는다는 사실에 아이들은 무척 신기해합니다. 종이를 떨어뜨리지 않고 반환점을 찍고 빨리 돌아오는 시합이랍니다.

1. 배 위에 종이 올리고 달리기 시합을 해보자.

"종이를 배에 올리고 달리는 시합이야."
"떨어뜨리지 않으려면 어떻게 하면 좋을까?"
"저기 벽까지 가서 손바닥으로 치고 돌아오기야."

2. 규칙을 정하자.

"손으로 잡고 가면 안 돼."
"떨어지면 바로 그 자리에서 다시 올려서 가는 거야."

3. 어떻게 하면 잘할 수 있을까?

"빨리 가고 싶은데 종이가 떨어지네. 어떡하면 좋지?"
"어떻게 달리는 게 더 좋을까?"

4. 다른 방법으로 해보자.

"손등에 올리고 달리기해볼까?"
"머리에 이고 달리기해볼까?"

"또 어떻게 하면 더 재미있을까?"

5. 너랑 같이 노니까 너무 재밌다.

"엄만 종이 달리기가 이렇게 재밌는지 몰랐어. 넌 어때?"

"너 굉장히 잘한다. 조심성이 많구나. 균형감각이 좋은데."

"배를 쑥 내밀고 달리는 모습이 너무 예뻐."

응용 및 확장 활동

★ 종이 한 장으로 달리기는 집이나 바깥에서 다양하게 활용할 수 있습니다.

★ 둘씩 짝지어 시합하면 더 재미있지요. 둘이 종이를 뺨에 대고 반환점 돌아오기, 둘이 종이를 끼우고 껴안아서 떨어뜨리지 않고 10바퀴 돌기, 둘이 종이를 등에 대고 반환점 돌아오기 등으로 함께 아이디어를 내어 다양하게 활용해보세요.

★ 아이들이 내는 아이디어는 무조건 맞장구치며 좋은 아이디어라고 칭찬해주세요. 무엇이든 시도해보면서 점점 더 멋진 아이디어로 발전시킬 수 있으니까요.

엄마 아빠를 위한 Tip

1. 이면지나 전단지, 잡지 등의 종이를 활용하시기 바랍니다. 종이가 얇을수록 더 잘 되는 이유를 함께 고민해보세요.

2. 친구들과 함께 놀면 더 재미있다고 알려주세요. 간단한 종이 한 장으로 놀이를 제안할 줄 아는 아이는 친구들 사이에서 인기가 많아진답니다.

3. 아이들은 놀다 보면 늘 새로운 규칙을 제시합니다. 자신에게 이로운 쪽으로 말이지요. 억지 주장이면 놀이를 잠시 멈추고 들어주기 힘든 이유를 차근차근 말해주세요. 합리적인 규칙으로 발전시킬 수 있게 도와주세요.

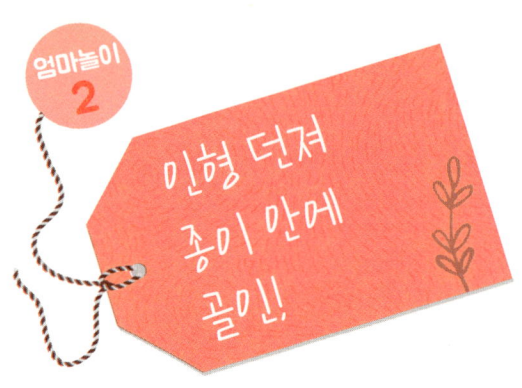

엄마놀이 2
인형 던져 종이 안에 골인.

종이 한 장을 멀찍이 떨어뜨려 놓고 골대로 삼아 작은 인형을 던져 골인하는 놀이입니다. 아이 나이에 맞춰 적당한 거리를 정합니다. 엄마와 아이가 서로 번갈아가며 던집니다. 10번 던져 누가 더 많이 들어가는지 시합해보세요. 힘을 조절하고, 주의 집중을 더 잘하게 되며, 성공할 때마다 자신감이 올라갑니다. 더 잘하기 위해 열심히 생각하고 작전을 세우면서 문제 해결력이 향상되어갈 겁니다.

놀이방법

1. 종이에다 인형 던져 넣기 놀이할까?

"인형을 던져서 골인시키는 놀이야."
"종이를 어디에다 놓을까?"
"던지는 건 어디서 던지지?"
"엄마는 어디서 던질까?"

2. 자, 시작!

인형이 경계선에 걸치는 경우에 대한 규칙을 미리 정하는 것이 좋습니다. 쏙 들어가면 2점, 조금이라도 걸치면 1점 정도로 정하고 시작해보세요.
"어, 근데 종이 안에 쏙 들어가지 않고 경계선에 걸치면 어떡해?"
"몇 점 내기로 할까?"
"이긴 사람한테 칭찬해주기 어때?"
"칭찬이 마음에 들면 오케이. 마음에 안 들면 다시! 그래서 마음에 들 때까지 해주는 거야."

3. 정말 던지기 실력이 좋으시군요.

아이가 성공하면 칭찬하는 말을 해주고 '오케이'인지 '다시!'인지 질문하세요. 아이가 엄마를 칭찬할 때 진짜 마음에 드는 칭찬 말을 하나씩 가르쳐주는 것도 좋습니다.

"축하해. 잘했어. 이 칭찬 '오케이'야? '다시!'야?"
"엄마한테도 축하해줘."
"엄마도 잘했어요."
"오케이."

응용 및 확장 활동

★ 던지는 물건은 아이가 정하는 어떤 거라도 좋습니다. 실내용 슬리퍼를 신은 채 발로 던져 넣기를 하거나 공을 굴려 넣기도 재미있겠지요. 아이가 주도적으로 하나씩 결정하면 더 좋아합니다.

엄마 아빠를 위한 Tip

1. 경계선에 걸친 경우의 규칙을 제대로 정하는 것이 좋습니다. 그렇지 않으면 아이가 계속 우기기만 할 수도 있으니까요.
2. 아주 간단한 놀이라서 응용할 방법이 무척 많습니다. 아이에게 어떤 방법으로 해볼지 질문한 다음 새로운 방법을 계속 생각해내도록 도와주세요. 어떤 아이는 뒤로 돌아서 던지자고도 하고, 두 발에 인형을 끼우고 뜀뛰어서 던지자는 의견도 나온답니다. 어떤 의견이든 좋은 의견이라 칭찬하며 놀아보세요.

엄마놀이 3
발바닥 종이 스키

종이 두 장을 바닥에 내려놓고 맨발로 올라서서 스키를 타볼까요? 이 간단한 방법이 뭐 그리 재미있는지 종이 스키 타며 신나 하는 아이 모습이 참 예쁩니다. 자꾸 움직이다 보면 발에 땀이 나서 종이가 발바닥에 붙기도 해요. 종이 신발이 되었다며 좋아하네요.

놀이방법

1. 종이 두 장으로 스키놀이 하자!
"종이로 스키를 탈 거야."
"종이 두 장을 이렇게 놓고 그 위에 딱 올라서면 끝!"

2. 양말 신고 할래? 맨발로 할래?
"넌 양말 신고 할 거니? 엄만 맨발로 해야지."
"한 번씩 해보면 어떤 게 더 유리한지 금방 알 수 있지."
"맨발로 하니 땀 때문에 스키가 발에 잘 붙어!"

3. 종이 스키를 신고 저기 반환점까지 돌아오는 거야.
"우리 시합 한번 해볼까?"
"반칙 쓰기 없기야~."
"시작!"

4. 한번 해보니 스키 사이즈가 어때?
"스키가 큰 게 좋아? 작은 게 더 좋아?"
"엄마 발은 크고 네 발은 작은데 종이 크기가 똑같아도 괜찮을까?"

"종이를 오려서 스키를 진짜처럼 만들어볼까?"

응용 및 확장 활동

★ 종이 한 장 위에 두 발로 올라서서 움직이는 것도 재미있습니다. 두 발을 동시에 뛰듯이 움직이거나 트위스트 춤을 추게 되기도 하지요.
★ 아이가 재미있는 방법을 개발하기도 합니다. 수건 한 장을 깔아놓고 하면 앞발과 두 발의 거리를 제대로 조절하지 못해 재미있는 현상이 생긴답니다.

엄마 아빠를 위한 Tip

1. 달리기를 하다 보면 장난처럼 몸싸움을 하게 됩니다. 아이들끼리 서로 밀거나 넘어지지 않게 조심하세요.
2. 종이가 발에 더 잘 붙게 하려면 어떤 방법을 사용하면 좋을지 의논해보는 것도 좋습니다.
3. 가족이 함께할 땐 짝을 지어 '종이 스키 이인삼각 달리기'로 응용해보세요. 종이 세 장을 깔고 가운데 종이는 각자 한 발씩 올리고 함께 움직여야 합니다. 조금만 호흡이 맞지 않으면 종이가 찢어질 수도 있으니 잘 맞추려 애쓰게 됩니다. 두 사람이 장단을 맞추고 호흡을 맞추면서 마음도 더 잘 맞추게 된답니다.

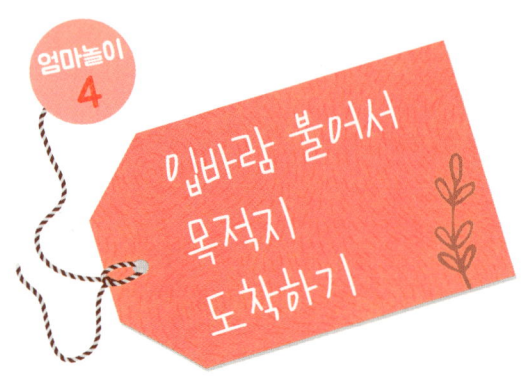

엄마놀이 4
입바람 불어서 목적지 도착하기

종이 한 장을 내려놓고 엎드리듯 몸을 숙여서 입바람을 불어요. 부는 만큼 조금씩 종이가 움직이지요. 결승점을 향해 열심히 입바람을 불다 보면 어느새 땀이 나기 시작합니다. 왠지 심폐기능이 좋아지는 느낌도 나네요. 무조건 세게 분다고 잘 움직이는 건 아니랍니다. 바람 세기를 조절하면서 어떻게 불어야 종이가 더 잘 움직이는지 알아차릴 수 있지요.

놀이방법

1. 종이를 불어서 목적지까지 옮기는 놀이야.

"입바람을 세게 불어봐. 종이가 움직이지?"
"이렇게 해서 목적지까지 가는 거야."
"손대지 않는 게 규칙이야."

2. 힘을 내서 세게 불어주세요.

"방향을 잘 잡아요."
"아, 종이가 엉뚱한 데로 가네."

3. 생각보다 힘들지?

입바람을 여러 차례 불다 보면 힘이 듭니다. 신나게 응원해주면 끝까지 잘할 수 있어요.
"끝까지 힘내서 아자 아자!"

4. 우리 힘을 합쳐서 해볼까?

아이가 힘들어하면 엄마와 함께 입바람을 불어서 공동 작업을 진행합니다. 도착하면 함께 하이파이브하고 기쁨을 누리세요.

"야호, 둘이 힘을 합치니 정말 잘 된다!"

5. 또 어떤 걸 불어서 옮겨볼까?

입바람 불어서 놀기는 어떤 도구도 활용할 수 있습니다. 아이에게 아이디어를 물어보면 생각을 많이 하게 되지요.

응용 및 확장 활동

★ 입바람으로 병뚜껑 옮기기, 입바람 불어서 빈 생수병 넘어뜨리기, 입바람으로 간지럽히기 놀이로 응용해보세요. 아이가 더 많은 아이디어를 낼 수 있습니다.

엄마 아빠를 위한 Tip

1. 종이 한 장이 아이에게 힘들면 잘라서 사용합니다.
2. 입바람을 불다 침이 나올 수도 있으니 수건을 준비해주세요.
3. 힘을 조절해서 불면 방향을 잘 바꿀 수 있으니 시범을 보여주는 게 더 좋습니다.
4. 너무 오래 하면 어지러울 수 있으니 적당히 놀고 쉬세요.

엄마놀이 5
구멍 뚫고 손가락 알아맞히기

손가락으로 아이 뒷목을 살짝 건드리고는 "어느 손가락?" 하던 알아맞히기 놀이가 있습니다. 기억나시나요? 재미있긴 하지만 속임수가 끼어들 여지가 있어 왠지 놀아도 개운하진 않았습니다. 그래서 변형해보았습니다. 종이에 손가락 마디를 끼우고 어느 손가락인지 알아맞히는 겁니다. 너무 간단하지만 신기하게도 엄마도 아이도 무척 재미있어하는 놀이랍니다. 지금 바로 주변에 있는 종이 한 장을 가져다 시작해보세요.

놀이방법

1. 어느 손가락인지 알아맞히기 놀이야.

종이에 볼펜(혹은 손가락)으로 작은 구멍을 뚫어요.
"구멍에 손가락을 쏙!"
"어느 손가락일까요?"

2. 손가락 이름을 알아볼까요?

게임을 하다 보면 손가락 이름을 정확히 알지 못한다는 것을 알게 됩니다. 정확한 명칭을 궁금해할 때 가르쳐주세요.
"아빠 손가락은 엄지, 다음은 검지, 중지, 약지, 새끼손가락은 소지."
"따라 해보세요. 엄지, 검지, 중지, 약지, 소지."

3. 어느 손가락일까요?

이제 종이에 한 손가락을 넣고 놀이를 시작합니다. 아이 수준에 따라 쉬운 엄지나 소지로 시작하면 좋겠지요? 아이가 말하면 손가락을 종이에 낀 채로 손을 뒤집어 확인시켜

줍니다. 아이가 문제를 낼 땐 적절히 정답과 오답을 말해서 흥미를 높여줍니다.

"짠, 정답! 야! 잘 맞추네."

"아, 안타깝습니다. 틀렸습니다."

4. 우리 ○○가 손가락이 이렇게 예쁜 줄 몰랐네.

"엄지손가락은 아빠를 쏙 닮았네."

"소지는 엄마랑 똑같이 생겼어."

"엄마 손가락 자세히 보니 어때?"

5. 우리 발가락으로도 해볼까요?

발가락으로 하면 더 재미있어요.

아이와 함께 깔깔 웃으며 진행해보세요.

응용 및 확장 활동

★ 처음엔 쉽게 맞추도록 손가락 전체를 넣어서 맞추게 합니다. 잘 맞추면 두 마디 또는 한 마디로 줄여서 조금만 보여주고 진행하면 됩니다. 생각보다 맞추기가 쉽지 않아 아이들은 더 흥미를 느끼며 계속 반복하려 합니다.

★ 난도를 높여 오른손 왼손을 구분해보는 것도 재미있습니다. 종이에 한 손가락을 끼우고 두 손을 깍지 끼고 손의 방향을 수평으로 합니다. 손을 세우면 왼손 오른손을 쉽게 알아차리니 난도를 조정해가며 진행하면 재미있습니다.

★ 엄마 아빠가 두 손을 마주 잡고 누구 손가락인지 알아맞히기를 하면 엄마 아빠의 다정한 모습에 아이는 더 행복해지겠지요?

엄마 아빠를 위한 Tip

1. 정확한 손가락 이름을 사용하면 아이도 금방 익숙해집니다.
2. 신문지를 활용하면 다른 신체 부위로 확장할 수 있어요. 의자 2개 사이에 테이프로 신문지를 크게 펴서 붙여놓고 50원짜리 동전 크기 정도의 동그라미를 뚫습니다. 신문지 뒤에 몸을 숨기고 코끝, 눈, 팔꿈치, 뺨, 이마 등을 알아맞히기 게임을 진행합니다.
3. 종이가 찢어지는 걸 걱정할 필요는 없습니다. 찢어지면 다른 종이로 다시 하면 되니까요. 찢어질까 봐 제대로 놀지 못하는 아이들이 뜻밖에 많답니다.
4. 세심한 관찰력을 높이는 데도 큰 도움이 됩니다.
5. 가족 모두 역할을 바꾸며 함께하면 더 재미있습니다. 서로에 대한 관심과 친밀감을 높이는 데 효과적이지요. 가족 모두 둘러앉아 즐거운 시간을 만들어보세요.

엄마놀이 6
발로 종이 접기, 찢기

일어서서 두 발로 종이접기를 해본 적이 있나요? 종이 한 장을 딱 절반으로 접는 일이 생각보다 쉽지 않습니다. 한 발로 종이를 잡고 다른 발로 종이를 뒤집고, 다시 한 발로 뒤집은 종이를 누르며 온몸을 뒤뚱거리게 되지요. 몸의 균형도 잡아야 하고, 종이도 접어야 하니 생각보다 바빠진답니다. 종이접기에 성공하면 이번엔 두 발로 찢기 놀이를 해보세요. 이 또한 전혀 예상치 못한 현상이 일어나지요. 가능하면 반듯하게 접고 비슷한 크기로 찢도록 이끌어주세요.

놀이방법

1. 발만 사용해서 종이를 많이 접는 사람이 이기는 거야.

핸드폰 알람을 1분으로 맞추어놓고 발로 종이접기를 시작합니다. 아이가 게임을 잘 이해하지 못하면 엄마가 먼저 시범을 보이고 시작하는 것도 좋습니다.
"손은 절대 쓰면 안 돼요."
"발로 접으니까 재미있는데?"
"손으로 하는 것보다 어렵구나."

2. 조심조심 잘 접어보자.

발로 종이접기가 어려우면 감정 조절을 못 하고 그냥 구겨버리기도 합니다. 충동적인 감정을 조절하고 잘 수행할 수 있도록 격려해주세요.
"구겨버리고 싶은 마음을 잘 참아보자."
"와! 발로 하는데도 잘하네."
"처음인데 이 정도 하는 건 정말 잘하는 거야."

3. 발로 종이를 접은 소감을 말씀해주세요.

발로 종이접기가 끝나면 인터뷰하듯이 소감을 질문하세요. 그냥 질문하기보다 종이를 말아 마이크처럼 입에 대주면 진짜 인터뷰하는 기분으로 소감을 말합니다. 단순하게 "재미있다", "어렵다"라고 말한다면 좀 더 구체적으로 질문해주세요.
"어떤 점이 특히 재미있었나요?"
"어려운 점은 무엇인가요?"
"다음엔 어떤 작전을 쓰실 계획인가요?"

4. 자, 다시 한 번 도전하시겠습니까?

한번 재미를 느낀 놀이는 계속하고 싶은 게 아이들 마음입니다. 아이가 원하는 대로 몇 번 더 놀아주세요. 종이를 여러 번 겹쳐 접도록 난도를 높이는 게 더 재미있습니다. 종이 찢기를 할 때도 더 많은 조각으로 찢기 시합으로 진행하면 더 재미있어요.

5. 야, 정말 잘하는구나.

"엄만 네 나이 때 하나도 못했는데 넌 발로도 잘하는구나."
"이거 정말 재밌지. 우리 또 어떻게 놀아볼까?"
"종이만 있어도 정말 재밌게 잘 놀 수 있구나."

응용 및 확장 활동

★ 엄마의 한쪽 발, 아이의 한쪽 발로 협동놀이를 하는 것도 재미있습니다. 서로 마음을 맞추고 설명하는 방식을 연습할 수 있어요. 하다 보면 엄마가 흥분해서 아이를 혼낼 수 있습니다. 진정하시기 바랍니다.

★ A4 용지로 잘하게 되면 신문지를 활짝 펴서 큰 종이 접기, 작은 색종이 접기로 활용해보세요. 종이의 크기나 질감에 따라 경험하는 자극이 다양해서 효과적이랍니다.

엄마 아빠를 위한 Tip

1. "제대로 접어야 해. 그냥 구기면 안 돼."
   이런 말을 들으면 아이의 의욕이 줄어듭니다. 재미있게 진행하되 아이가 진지하게 수행할 수 있도록 격려하는 것이 더 좋습니다.
2. '승가원 유태호' 동영상을 검색해서 아이와 함께 보세요. 양팔과 허벅지가 없고 발가락도 8개인 태호가 밝은 모습으로 발로 이 닦고 머리 빗고 글을 쓰는 모습이 아이들에게 여러 가지 생각을 하게 합니다.
3. 운동 지각능력은 의외로 아이들의 사고와 구조화 능력에 큰 영향을 주지요. 감각적 자극을 주는 활동을 많이 할수록 환경에 적응하는 능력도 발달하게 된답니다.
4. 아이가 발로만 하는 놀이에 대한 아이디어를 더 많이 생각하게 해보세요. 발로 그림 그리기, 발로 글자 쓰기, 발로 컵 옮기기 등 다양한 방법을 시도할수록 좋습니다.

엄마놀이 7 — 종이 길게 찢기

종이 한 장을 끊어지지 않게 길게 찢는 놀이입니다. 종이 한 장을 길게 찢으면 그 길이는 과연 얼마나 될까요? 찢는 굵기에 따라 달라지겠지요? 가족들이 모두 한 장씩 가지고 시작해보세요. 길게 길이를 재보면 갑자기 다시 하고 싶은 의욕이 솟구친답니다. 더 가늘게 조심스럽게 찢는 모습을 볼 수 있을 거예요.

놀이방법

1. 종이 한 장을 누가 더 길게 찢는지 해볼까?

"끊어지지 않게 찢어야 해."
"종이가 접히거나 꺾어지는 건 괜찮아."
"가위로 하면 쉽게 잘리니 손으로만 하자."

2. 제한시간 정하고 할까?

제한시간을 정하면 초조해 하는 아이도 있고 더 흥미를 느끼는 아이도 있습니다. 아이의 성격에 따라 다르니 아이가 원하는 대로 하는 것이 좋습니다.

3. 어떻게 찢으면 더 길게 만들 수 있을까?

"끊어지지 않으려면 어디를 조심해야 할까?"

4. 조심조심 잘 찢어야 해. 완성됐다고 생각하면 말해줘.

"엄마 거 보면서 해도 괜찮아. 본다고 다 똑같아지는 건 아니니까."

5. 이제 길이를 비교해보자.

"누구 종이가 더 길까?"
"야, 처음인데 잘하네."
"우리 다시 한 번 해볼까?"

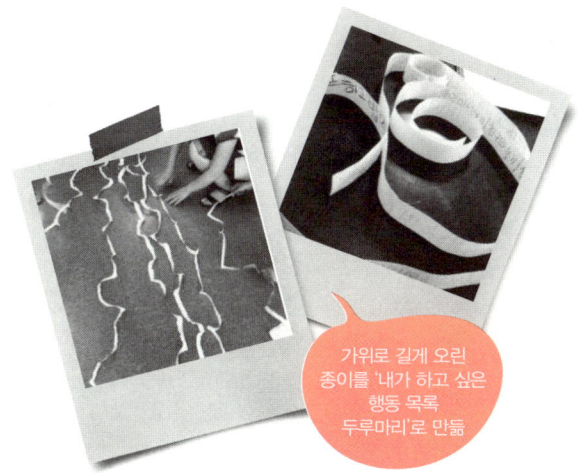

가위로 길게 오린 종이를 '내가 하고 싶은 행동 목록 두루마리'로 만듦

응용 및 확장 활동

★ 다양한 종이를 활용하면 질감의 차이를 경험할 수 있습니다. 소근육을 발달시키고 조심성 있게 조작하는 훈련에도 무척 효과적인 놀이입니다.

엄마 아빠를 위한 Tip

1. 이면지를 사용해주세요. 놀이도 중요하지만 아껴 쓰는 것도 중요하다는 말도 꼭 해주세요.
2. 손힘을 조절하는 능력이 부족한 아이들은 쉽게 끊어집니다. 끊어졌다고 속상해한다면 다른 종이로 다시 시작하도록 격려해주세요.
3. 길이를 재는 방법도 아이에게 의견을 물어보세요. 보통 위로 들게 되는데 키보다 더 길 경우 "어떻게 하지?"라고 물어 아이가 주도적으로 의견을 내도록 도와주세요.

엄마놀이 8

자유 낙서와 퍼즐 놀이

심심해하는 아이들에게 종이 한 장 주고 낙서하거나 그림을 그리라고 하면 대부분은 쉽게 몰입하지요. 그렇게 그린 그림을 잘라서 퍼즐을 만들어주세요. 처음에 영문을 모르는 아이가 의아해하지만, 자신의 그림이 퍼즐 놀이가 된다는 사실을 무척 즐거워한답니다. 연령에 상관없이 즐거워하는 걸 보면 누구나 동심을 그대로 간직하고 있음을 확인할 수 있어요.

놀이방법

1. 낙서하든 그림 그리든 마음대로 하세요.

아이에게 뭘 그려야 할지 알려주기보다 자유롭게 원하는 대로 그리라고 말해주세요. 어떤 낙서라도 괜찮다고 말해줍니다. 혹시 그리기 싫어하는 아이에겐 이렇게 말해주세요.
"뭐든 괜찮아. 마음대로 낙서해봐. 비밀 암호를 써도 좋고."
"그릴 때 힘들어도 나중에 다 피가 되고 살이 될 수도 있지."
"공백을 많이 남기면 나중에 불리해질 수 있지."

2. 제한시간은 ○분이야. 다 했으면 알려줘.

아이의 나이와 흥미도에 따라 제한시간을 설정하되 시간을 더 달라고 하면 원하는 대로 시간을 주세요. 아이의 흥미가 유지되는 것이 중요하니 운영의 묘미를 살리시기 바랍니다.

3. 5초 줄 테니 네 그림을 잘 살펴봐.

"어디에 뭘 그렸는지 자세히 안 보면 후회할걸."

4. 자, 시작합니다. 기다려주세요.

종이를 오려서 퍼즐을 만듭니다. 8~32장 정도로 아이 수준에 맞게 적당한 조각 수로 잘라주세요. 직선, 사선, 곡선, 꺾은선 등 다양하게 자르면 더 좋습니다.

5. 이제 퍼즐 맞추기 시작!

찾는 방법에 관한 힌트를 주어 끝까지 성공할 수 있게 도와주세요.
"색깔이 같은 것끼리 먼저 모아놓으면 쉬울 거야."
"글자나 모양 등 비슷한 특징이 있는 퍼즐을 모아두고 맞추면 잘 맞출 수 있어."

6. 야! 완성했다! 끝까지 잘하는구나.

잘한 점과 강점을 찾아 말해주면 자신감, 자존감이 쑥쑥!
"꼼꼼하게 잘 맞추네."
"기억을 잘하는구나."
"관찰력이 좋네."
"어려워도 포기하지 않고 끝까지 하는구나."

응용 및 확장 활동

★ 잡지 광고, 전단지, 신문지 등을 활용해보세요. 굳이 그림을 그리지 않아도 됩니다. 1분 정도 관찰하는 시간을 주고 나서 잘라 퍼즐을 만들면 됩니다. 완제품 퍼즐이 없어도 얼마든지 놀 수 있다는 사실을 새삼 깨닫게 되지요.

엄마 아빠를 위한 Tip

1. 약간의 도전으로 완성할 수 있는 정도의 조각 수가 좋습니다. 너무 쉬우면 시시해서 흥미를 잃고, 너무 어려우면 포기하니까요.
2. 아이가 또 하자고 하면 한두 번 더 해주세요. 어려울 건 없습니다. 아이가 다 그리면 잘라주고, 퍼즐 맞출 때 시간 재고, 아이가 노는 모습을 찍고, 격려하고 감탄하면 되니까요. 놀이를 한번 경험하고 나면 스스로 놀 수 있게 된답니다.
3. 경쟁, 시간 재는 방식을 좋아하는 아이도 있고 싫어하는 아이도 있습니다. 아이가 원하는 대로 하는 게 가장 좋겠지요. 공연히 교육적 욕심을 앞세워 시간을 재자고 설득할 필요가 없습니다. 아이는 스스로 방법을 선택할 때 가장 잘 배운다는 것을 기억하세요.
4. 심심하다고 칭얼대는 아이에게 종이와 연필만 주면 쉽게 할 수 있습니다. 혹시 종이 자를 가위가 없어서 못 한다고 생각하시지는 않겠지요? 손으로 잘라도 되니까요. 아이는 엄마 아빠가 문제를 해결하는 방식을 그대로 보고 배우고 있답니다.

엄마놀이 9 알까기

알까기는 바둑돌로만 하는 것으로 알고 있나요? 바둑돌이 없어도 종이로 알을 만들어 놀 수도 있답니다. A4 용지 위에서 해도 좋고, 테이블이나 식탁 위에서 놀아도 좋습니다. 가벼운 종이지만 돌돌 말아 알을 만들고, 각자의 알에 색연필로 표시해서 시합해보세요. 방향도 생각하고 힘도 조절하며 열심히 놀이에 빠져들 수 있답니다.

놀이방법

1. 종이로 알까기 놀이!

종이 한 장을 약 1~2cm 폭으로 길게 찢어 돌돌 말아줍니다. 다 말면 누구 알인지 구분할 수 있도록 기호를 정해 색연필로 표시하고 테이프를 붙입니다. 각자 정해진 개수만큼 만듭니다.

"종이를 이렇게 찢어서 구기거나 말아서 알을 만들 거야."
"각자 몇 개 만들까?"
"자기 알에다 색연필로 색깔 표시를 하자. 누구 건지 구분할 수 있게."
"알을 투명테이프로 붙일까?"

2. A4 용지 한 장을 알까기 판으로 쓸 거야.

A4 용지의 양쪽 끝 2cm 지점에 선을 긋고 알을 배치합니다. 배치하는 위치는 아이와 함께 의논해서 정하는 것이 더 좋겠지요.

"알을 다 만들었으면 알까기 시작해볼까?"
"각자 알 3개를 선 위에다 놓고 시작해. 어린이 먼저 하세요."
"손가락으로 튕겨서 종이 바깥으로 상대의 알을 떨어뜨리는 거야."
"한 사람의 알이 모두 종이 바깥으로 나가면 게임 끝. 알이 남아 있는 사람이 우승자!"

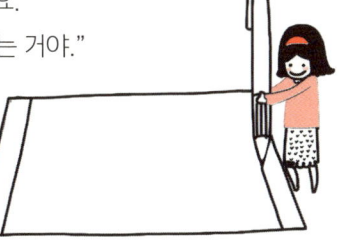

 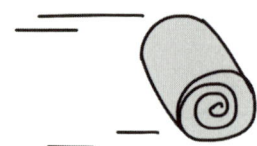

3. 손가락 힘을 잘 조절해야겠네.

"너무 세게 치니까 내 알이 나가버렸어."
"위치를 바꿔서 치니까 쉽게 칠 수 있구나."
"손힘을 잘 조절해야겠지?"
"앗, 너무 조심하다 헛손질을 했네."

4. 우리 '창의력 알까기' 한번 해볼까?

"알까기 판에 동그라미를 그려놓고 자기 알이 거기에 완전히 들어가면 죽은 알 하나가 부활하는 거야."
"함정도 만들까? 네모 그려놓고 거기에 들어가면 탈락하는 거야 어때?"
"그러니까 부활 동그라미와 함정 네모."
"다른 것도 만들어볼까?"

5. 종이 알까기 해보니까 어때?

"종이만 있어도 알까기를 할 수 있네."
"알을 어떻게 만들면 더 재미있을까?"
"알을 칠 때 불편한 건 없었어?"
"다음 알까기엔 어떤 작전을 쓰실 건가요?"

응용 및 확장 활동

★ 아이의 나이에 맞게 지우개, 동전, 바둑돌 등 다양한 소품을 알로 사용해도 좋습니다.

★ 종이 두 장을 이어 더 큰 알판을 만들어 사용하면 더 재미있어요. 좀 더 세게 칠 수도 있으니 놀이가 역동적이 됩니다. 아이가 원한다면 종이를 한 장씩 더 붙여 알판을 점점 크게 해보세요.

엄마 아빠를 위한 Tip

1. 손으로 미는 것과 튕기는 것의 차이를 명확히 설명해줍니다.
2. 한 손가락으로 치는 경우도 있습니다. 두 손가락으로 튕기기와 한 손가락으로 치기에 대한 규칙을 아이와 의논해서 정합니다.
3. 알이 종이의 가장자리에 멈춘 경우의 규칙도 명확히 정하는 게 좋습니다.
4. 게임 도중 규칙을 바꾸고 싶어 할 경우엔 공정하고 타당한지 제대로 따져서 수용하면 됩니다.
5. 만든 알이 너무 쉽게 굴러가면 알을 납작하게 누르거나 변형시켜 진행하시면 됩니다.

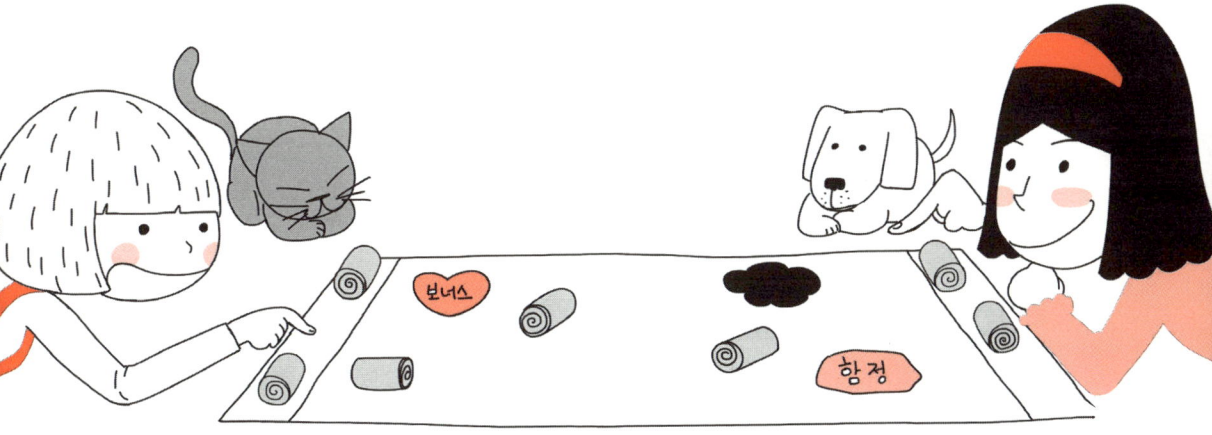

엄마놀이 10 — 스크래치 놀이

종이 아래에 동전을 놓고 연필이나 색연필로 칠하면 동전 무늬가 그대로 드러납니다. 너무 똑같아서 신기하게 바라보며 반복해서 놀았던 기억 있으시죠? 단순한 놀이지만 어린 아이들에게는 종이 위로 드러나는 그 모습에 호기심이 생기는 재미있는 놀이입니다.

1. 신기한 거 보여줄게.

"이렇게 동전을 종이 아래에 놓고 연필로 칠하면?"
"진짜 똑같지?"
"엄마를 따라 해보세요."
"와, 잘하는구나!"

2. 너도 한번 해볼까?

"얼마짜리 동전으로 할래?"
"10원, 50원, 100원, 500원 모두 다 해볼까? 참, 10원짜리는 종류가 두 가지야."
"어떤 색깔을 써서 칠해볼까?"

3. 다른 물건으로 해볼까?

나뭇잎, 자, 열쇠같이 요철이 있는 물건을 가져와 시도해봅니다.
그 모습이 똑같이 드러나는 것이 볼수록 신기합니다. 아이가 무한 반복해도 허용해주세요. 지켜보기만 해도 아주 즐겁게 잘 노는 놀이입니다.

응용 및 확장 활동

★ 여러 종류의 나뭇잎을 준비해주세요. 하나씩 적당한 위치에 칠하기만 해도 예술작품이 된답니다. 종이에 나무를 그려놓고 가지마다 다양한 나뭇잎을 스크래치 하면 너무 예쁩니다. 돈을 스크래치하면 돈나무도 되겠네요.

★ 알록달록한 색을 쓰면 흥미를 유발하기가 더욱 쉽습니다.

★ 또 다른 스크래치 놀이도 있습니다. 까만 스크래치 그림 기억나시나요? 종이 위에 크레파스로 다양한 색을 칠합니다. 그 위에 다시 까만색 크레파스를 칠해요. 이제 나무젓가락이나 이쑤시개로 그림을 그리면 예쁜 색깔이 드러나지요.

★ 요즘은 판매하는 스크래치 종이도 있지만, 직접 만들어서 쓰는 놀이가 더 재미있고 성취감도 높답니다. 주변에 있는 재료로 놀 줄 아는 아이로 자라게 된다는 걸 기억하세요.

엄마 아빠를 위한 Tip

1. 동전을 칠하다 움직이면 동전 모양이 흐트러집니다. 그런 경험을 통해 더 조심해서 하게 되니 굳이 지적하지 않아도 됩니다.

2. 자를 이용한 스크래치는 잘라서 두꺼운 과자 상자에 붙여 다시 자를 만들어보세요. 무척 아끼는 학용품이 될 것입니다.

3. 놀다 중간에 멈출 수도 있습니다. 잘 보관해두었다가 다음에 놀이를 할 때 빈 부분을 채우게 해주세요. 아이에게 '완성'의 기쁨을 맛보게 해줄 수 있답니다. 참, 놀이 날짜를 써두면 시간의 흐름을 깨달을 수도 있겠지요.

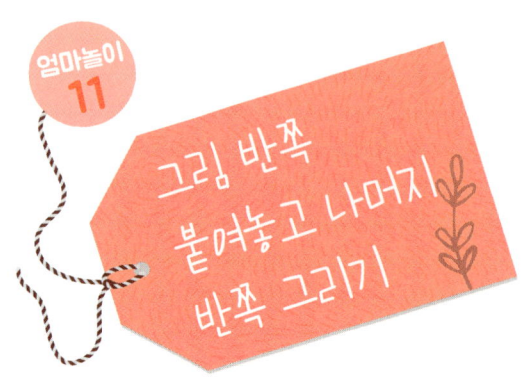

엄마놀이 11
그림 반쪽 붙여놓고 나머지 반쪽 그리기

아이가 좋아하는 캐릭터 그림이나 신문, 잡지에서 단순한 사물 사진 또는 그림을 준비해주세요. 그림의 절반을 잘라 종이 반쪽에 붙이고 나머지 반쪽은 따라 그리는 놀이입니다. 그림의 좌우 대칭을 맞추어 세심하게 관찰하며 그리기가 생각보다 쉽지 않아요. 그래도 그 우스꽝스러운 모습이 더 재미를 느끼게 해준답니다. 그리다 보면 관찰력도 좋아지고 놀이를 거듭할수록 그림의 완성도가 높아집니다.

놀이방법

1. 우리 ○○는 무엇을 그리고 싶니?

아이와 함께 잡지, 신문 등을 뒤적이며 아이가 원하는 사진이나 그림을 선택하게 합니다. 동물, 자동차, 사람, 어떤 것도 좋아요. 아이의 취향을 존중해주세요. 엄마 역시 사진을 한 장 골라서 같이하면 더 즐겁게 보낼 수 있습니다.
"마음에 드는 그림 골라볼까?"
"그림의 절반을 오려서 오린 부분을 ○○가 다시 그릴 거야."
"이 그림 어떤 점이 마음에 들어?"
"엄마는 이 그림으로 정했는데 어떻게 생각하니?"

2. 그림을 반으로 접어서 오려봐.
오린 그림 중에 하나만 골라서 스케치북에 붙여보자.

아이가 가위질이 서툴러서 그림이 삐뚤빼뚤해지더라도 스스로 그림을 반으로 나누고 스케치북에 붙일 수 있도록 지켜봐 주세요.

3. 그림이 반쪽만 있으니 허전하지?
이제 붙인 그림에 이어서 비어 있는 부분을 다시 그려볼까?

연필, 색연필, 사인펜 등 그림 도구를 준비해서 아이가 마음껏 그림을 표현할 수 있도록 여건을 마련해주세요. 꼭 오려낸 사진과 똑같이 그림을 그리지 않아도 좋습니다.

"만약에 덧붙이고 싶거나 바꾸고 싶은 부분이 있으면 마음대로 해도 좋아."

"엄마 원래 그림에는 별이 없지만 왠지 별을 그려 넣고 싶네."

4. 어머, 정말 느낌 있구나!

여유를 가지고 아이가 스스로 그림을 완성했다고 느낄 때까지 충분한 시간을 주세요. 만약 아이가 원래 그림과 다르게 표현한 부분이 있다면 왜 그렇게 표현했는지 물어봐 주세요.

"오, 원래 그림보다 더 멋지다."

"이 부분은 왜 이렇게 그린 거야?"

"엄마가 완성한 그림은 어떻게 생각하니?"

응용 및 확장 활동

★ 반쪽 그림을 완성하고 나면, 처음의 그림을 떼어내고 나머지 반쪽을 그려보세요.
★ 혹시 가족 그림을 그렸다면 그 주인공에게 아이의 작품을 카드로 만들어 선물해보세요. 아이도 받은 사람도 무척 흐뭇할 거예요.

엄마 아빠를 위한 Tip

1. 아이의 나이에 따라서 적합한 그림이나 사진이 담긴 잡지, 책을 준비합니다. 아이가 그릴 그림을 스스로 정하는 게 좋아요.
2. 낮은 난이도의 그림부터 시작할 수 있도록 이끌어주세요.
3. 아이의 그림이 원래 그림과 많이 다르다고 해서 '틀렸다'고 표현하지 않도록 주의해주세요.
   "개성있다. 독특하다. 완전히 새로운 느낌이네."
4. 아이가 원하는 대로 그림을 표현할 수 있게 북돋워 주면 창의력과 표현력 증진에 도움이 됩니다.

엄마놀이 12 — 길게 이어진 인형 만들기

똑같은 모습의 종이 인형 여러 명이 서로 손에 손잡고 서 있는 인형을 만들어보세요. 아이들이 무척 좋아한답니다. 완성된 걸 보면 신기하지만 만드는 법은 생각보다 무척 쉬워요. 날씬하거나 통통한 인형, 남자 인형, 여자 인형 얼마든지 마음대로 만들 수 있어요. 그 안에 얼굴과 몸을 제대로 그리면 더 멋진 모습으로 바뀐답니다.

놀이방법

1. 종이 한 장으로 여러 명이 손잡은 종이 인형을 만들 거야.

미리 하나 만들어서 아이에게 보여주는 것이 흥미를 더 북돋워 줍니다.
"이렇게 이어진 인형 만들어보고 싶어?"
"만드는 방법 가르쳐줄까?"

2. A4 용지 한 장을 길게 반으로 자를 거야.

"자른 종이 하나로만 해볼게."
"종이를 4칸으로 접을 거야."
"반 접고 또 반을 접어 선을 만들고, 부채 접기로 앞뒤로 접으면 돼."

3. 이제 접은 종이 한쪽에 인형을 그릴 거야.

"중요한 건 양쪽 팔이 종이 끝까지 닿아야 해."
"그래야 서로 손이 이어지거든."
"발도 이으면 더 튼튼하게 잘 서지."
"발을 이으려면 발끝이 어디로 끝나는 게 좋을까?"
"종이의 아래쪽? 아니면 왼쪽과 오른쪽?"

4. **다 그렸으니 이제 오려볼게. 네가 가위질할래?**

여러 장으로 접힌 종이를 오리는 작업이니 아이 능력에 따라 엄마가 도와주세요.
가위 없이 손으로도 충분히 자를 수 있어요.

5. **하나, 둘, 셋 하면 펼칠 거야. 성공했을까?**

"멋지게 성공했구나."
"이어진 종이 인형 정말 멋있다!"
"하나 더 만들어볼까?"
"이제 혼자 힘으로 해볼래?"

응용 및 확장 활동

★ 아이가 어리면 4조각부터 만들고 6조각, 8조각으로 늘여가면 됩니다.
★ 잘 만들 수 있게 되면 자른 종이 두 장을 붙여 더 길게 이어진 종이 인형을 만들어도 좋습니다.
★ 인형 하나하나에 사람 모습을 그리면 여러 명의 친구가 사이좋게 손잡은 모습으로 완성된답니다. 그야말로 멋진 작품이 되지요.

엄마 아빠를 위한 Tip

1. 접은 종이 위에 그림을 그릴 때 미리 만들어진 인형을 대고 모방하는 것도 좋은 방법입니다. 이때 "모방해보는 건 배우기 좋은 방법이야. 단 모방했다고 밝혀야 해"라고 말해주세요.
2. 한두 번 시도해보면 아이가 스스로 만들 수 있게 됩니다. 아이가 하나씩 완성할 때 "다음엔 어떻게 만들고 싶니?"라고 물어보세요. 좀 더 개선된 종이 인형을 만들 수 있게 됩니다.
3. 아이가 만든 이어진 종이 인형을 벽에 장식하고 사진을 찍어 앨범에도 간직해주세요.
4. 완성하고 남은 종이 찌꺼기도 함께 잘 치우고 마무리합니다.

3

인기 있는 아이로 키우는 웃음 가득 사회성 놀이

종이놀이로 인기 있는 아이로 키우기

"친구야, 나랑 놀자."
"우리 같이 놀자."
"나랑 딱지치기할래?"

우리 아이는 이런 말 할 줄 아나요? 사회성이 부족한 아이들의 공통점은 친구의 이름을 부르기 어려워하고, 놀이를 제안하기 힘들어합니다. 누군가 와서 말 걸어주기를 바라기만 할 뿐 먼저 다가갈 줄 모르지요. 누가 아는 척 해야 겨우 인사하고, 먼저 안녕이라고 인사하기도 어렵습니다. 과연 이런 아이의 사회성을 키우려면 어떻게 해야 할까요?

한 초등학교 2학년 남자아이가 친구들과 잠깐 노는 사이에 뱉어내는 말들은 이렇습니다.

"너 못해. 저리 가. 재수 없어. 꼴좋다. 너 뚱뚱해. 냄새 나."

말만 그러는 게 아닙니다. 친구가 조금 다른 의견을 말하자 발로 툭 찹니다. 그 친구가 왜 발로 차냐고 따지니 자기가 안 그랬다고 우깁니다. 다른 친구들이 모두 다 보고 있는데도 거짓말을 하니 친구들이 그 아이에게서 멀어지기 시작합니다. 자기 태도에 문제가 있다는 걸 깨닫지 못한 아이는 친구들이 안 놀아준다며 원망합니다. 이 아이가 자신의 행동에서 문제를 깨닫고 바람직한 태도를 배우게 하려면 어떻게 해야 할까요? 지금 이 아이에겐 사회성을 키우고 친구들 사이에서 인기 있는 밝은 아이로 자랄 수 있게 도와줄 방법이 필요합니다.

친구와 상호작용하는 올바른 방법을 배우지 못한 아이는 다시 처음부터 사회성을 배워가야 합니다. 친구 이름을 밝은 목소리로 부르고 인사하기, 같이 놀자고 말하기, 도움이 필요하면 도와달라고 요청하기, 친구에게 도움이 필요할 땐 도와주겠다고 말하기, 친구 사이에 지켜야 할 예의와 규칙을 인식하고 잘 지키기.

상담실에서 '사회성 훈련 프로그램'을 진행하는 경우가 많습니다. 그 내용이 바로 앞의 것들입니다. 친구와 놀 때 필요한 말과 행동을 배우고, 자기 의견을 바람직한 방법으로 표현하고, 승패와 관계없이 결과를 기분 좋게 받아들이는 연습도 하고, 감정을 조절해서 표현하고, 자신도 친구도 기분 좋게 문제를 해결해가는 방법을 배우는 과정이지요.

상담사가 이 프로그램을 이끌 때 다양한 놀이를 활용합니다. 그중에서도 종이놀이는 상담실에서의 경험을 그대로 자기 현실로 가져가 응용할 수 있기에 매우 효과적입니다. 연습한 경험을 실제 친구와의 관계에서 응용하기 쉽기 때문이지요. 게다가 많은 아이들이 간단하게 종이 한 장으로 노는 방법을 잘 모르기에 더더욱 친구들의 관심을 얻고, 기분 좋게 노는 데 성공합니다. 새로운 아이디어를 제안할 줄 아는 아이는 어디서든 친구들의 관심을 받으니까요. 비싸고 준비가 까다로운 놀이가 아니라 쉽고 간단하기에 더 신기해하고 호감을 표현하게 되지요.

  사회성 좋고 인기 있는 아이로 키우기 위한 종이놀이는 상담에서 활용하는 기본적인 대화 방법과 소통 방식을 놀이로 응용했습니다. 엄마 아빠와 자주 놀다 보면 저절로 좋은 표현방법을 배우게 되지요. 가랑비에 옷 젖듯이 긍정적인 상호작용이 아이에게 스며들기 바랍니다. 놀면 놀수록 사회성에 도움이 되니까요. 혹시 우리 아이의 사회성이 걱정된다면, 당당하고 멋진 리더로 자라길 바란다면 하루 10분, 아이와 이렇게 놀아보세요. 어느새 친구와의 관계도 좋아지게 된답니다.

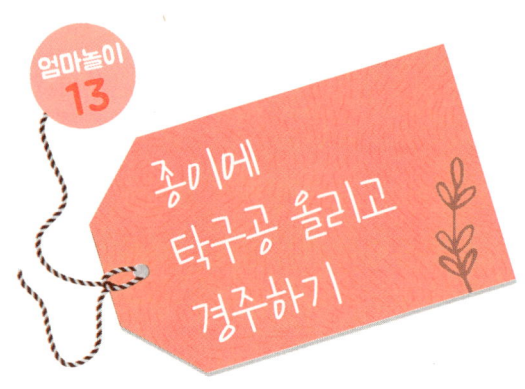

엄마놀이 13
종이에 탁구공 올리고 경주하기

종이 한 장을 두 손으로 펼쳐 들어요. 그 위에 탁구공을 올리고 거실에서 부엌까지 왔다 갔다 해보세요. 생각보다 쉽지 않아 재미있습니다. 종이의 균형을 잘 잡아야 하고, 빨리 움직이면 탁구공이 굴러떨어질 수 있으니 움직이는 속도도 조절해야 하지요. 조심조심 살금살금 걸으며 공을 떨어뜨리지 않으려다 보면 주의력도 좋아지고 힘과 행동 조절도 잘하게 된답니다.

놀이방법

1. 탁구공을 종이에 올리고 달리기 시합하자.

"종이 위에 탁구공을 올리고 반환점까지 다녀오는 거야."
거실에서 식탁까지 다녀오기 등의 규칙을 정합니다. 빨리 가려 하면 공이 잘 떨어지니 아이가 알아서 조심하게 됩니다.

2. 공이 떨어졌네. 주워서 그 자리에서 다시 시작해.

공이 떨어지면 주워서 섰던 자리로 돌아와 다시 시작하도록 규칙을 정해주세요.

3. 잘 가려면 어떤 작전을 써야 할까요?

공이 너무 자주 떨어지면 옆에서 추임새를 주어 아이가 잘 수행하도록 도와줍니다.
"조심조심. 빨리 가려고 욕심 부리다간 시간이 더 많이 걸리지."

4. 5번 떨어지고 성공!

"너무 간단한데 쉽지 않다. 그치?"
"이번엔 내 차례야. 응원해줘."
"빨리 가려고 생각하니 자꾸 떨어지네."

5. 잘할 때까지 계속해볼까?

탁구공이 떨어지면 튀니까 주우러 다니게 됩니다.
가끔 공 줍기를 도와서 아이가 지치지 않게
이끌어주세요.

응용 및 확장 활동

- ★ 한 손으로 종이를 들고 그 위에 탁구공 옮기기, 두 사람이 함께 종이를 맞잡고 공 옮기기, 가족이 모두 둥글게 서서 탁구공 옮기기 게임도 재미있습니다.
- ★ 할 때마다 시간을 재서 기록을 적어두어 실력이 점점 좋아지는 걸 확인하시기 바랍니다.

엄마 아빠를 위한 Tip

1. 종이를 양손으로 팽팽하게 들도록 말해주세요. 떨어뜨리지 않으려는 마음에 자꾸 종이를 구부리기도 합니다. 구부리면 더 잘 떨어진답니다.
2. 빨리 가는 게 중요한지, 떨어뜨리지 않고 가는 게 중요한지 질문해서 아이가 작전을 선택하게 합니다. 놀이를 하다 보면 어떤 것이 더 중요한지 깨닫게 되지요.
3. 탁구공이 너무 어렵게 느껴진다면 종이 공을 만들어 사용해도 좋습니다. 놀이의 난도는 아이에 따라 조절해주세요.
4. 간단한 놀이일수록 서로의 소감을 나누어보세요. 간단한 재료로도 얼마든지 잘 놀 수 있다는 걸 깨닫도록 도와주세요.

엄마놀이 14 - 종이 뒤집기 게임

엄마는 별, 아이는 하트, 기호를 정해서 종이 한 면에는 아이 기호, 다른 면에는 엄마 기호를 표시합니다. 20장 정도 만들어서 똑같은 수로 바닥에 펼쳐놓아요. 정해진 시간 안에 누가 더 많이 자기 표시로 뒤집는지 게임을 시작합니다. 살짝 부딪치기도 하고, 이기려고 조바심도 나겠지요. 놀이를 하면서 경험하는 다양한 감정을 잘 표현하며 놀아보세요. 아이가 그대로 따라 하며 신나게 배운답니다. 민첩성과 순발력이 좋아지고, 정해진 시간 동안 끝까지 수행하며 과제 집착력도 커가지요.

놀이방법

1. 종이를 잘라 뒤집기 게임을 할 거야.

종이 한 장을 4조각으로 자릅니다. 전부 20조각 정도가 되도록 5장을 자릅니다.
"자기 표시를 정해야 해. 넌 어떤 기호로 할래?"
"종이카드 한쪽에 네 기호를 쓰면 엄마 기호는 반대쪽에 표시할게."
"20장 전부 다 양쪽에 다른 기호를 쓰는 거야."

2. 이제 똑같이 자기 기호가 보이게 10장씩 펼쳐놓자.

10장씩 가져서 자기 기호가 보이게 바닥에 펼쳐놓습니다. 1분 후 알람을 설정해놓고 시작합니다.
"시작하면 1분 동안 자기 기호가 보이게 카드를 뒤집는 거야."
"1분 후 알람이 울리면 멈추는 거야."

3. 시작! 빨리 뒤집어야지!

상대 표시가 보이면 빨리 자기 표시로 뒤집어놓습니다.

4. **알람이 울렸으니 멈춤!**
   이제 몇 장씩 남았는지 세어보자.
   알람 울리고 계속 뒤집으면 반칙패야.

   "우리 같이 세어보자. ○○ 것부터 세어볼까?"
   "함께 소리 내서 세어보자. 하나, 둘, 셋⋯."
   "모두 ○장이네. 엄마 것도 세어보자."

5. **야, 빠르게 잘 뒤집네.**

   "움직임이 굉장히 빠르네."
   "엄마는 기호가 헷갈렸는데 넌 괜찮았어?"
   "굉장히 민첩하구나."
   "잘하려고 열심히 집중하는 것 같았어."

응용 및 확장 활동

- ★ 아이 나이에 따라 종이카드의 크기를 다르게 하면 좋습니다.
- ★ 몸의 움직임을 더 크게 해서 운동이 되게 하려면 A4 한 장을 그대로 사용해서 진행해보세요. 몸을 많이 움직일수록 재미있습니다.
- ★ 종이를 밟지 않기를 규칙으로 정하는 게 더 좋습니다.

엄마 아빠를 위한 Tip

1. 빨리 뒤집으려는 생각에 종이를 구기게 되니 가능하면 구기지 말자고 말해주세요.
2. 상대방을 막으려는 행동이 나올 수 있습니다. 이땐 "정정당당하게 하고 싶어", "자기 것만 열심히 해도 잘할 수 있어"라는 말을 들려주세요.
3. 아이가 지면 왜 졌는지 물어보세요. 다음엔 어떤 작전을 쓰고 싶은지 예측하는 질문도 좋습니다.
4. 어떻게 다르게 응용할 수 있을지 물어보면 아이는 더 좋은 아이디어를 내놓을 거예요.

엄마놀이 15 - 사다리 타기

술래를 정하거나 누군가 심부름을 해야 할 때 사다리 타기로 결정했던 기억나시죠? 사다리를 그리는 방법을 연구하고 사다리를 확인하는 작업도 신나지요. 새로운 아이디어를 응용하면 얼마든지 재미있는 놀이가 된답니다. 아이가 해야 할 과제의 순서를 정하는 놀이로 응용해도 좋아요. 신나게 한번 놀아보세요.

놀이방법

1. 우리 한번 사다리 타기 해서 결정해볼까?

간식 메뉴를 정하는 일처럼 단순한 결정을 할 일이 생길 경우 아이에게 사다리 타기를 소개해주세요.
"가위바위보는 많이 해봤으니까 오늘은 사다리 타기로 정해볼까?"

2. 이렇게 긴 선을 세로로 사람 수만큼 그려야 해. 그럼 우린 선을 몇 개나 그어야 할까?

아이에게 차근차근 사다리 타기 방법을 알려줍니다. 시범으로 먼저 하나 그려서 아이에게 보여주세요. 그런 다음 아이가 펜을 쥐고 직접 사다리를 그리게 해주세요.
"세로 선 사이사이에 가로로 선을 이어보자. 여기저기 골고루 그려야 해."
"어때? 사다리가 여러 개 줄지어 있는 것 같지? 그래서 사다리 타기라고 부르는 거야."
"동그란 길도 만들어볼까?"

3. ○○는 어떤 선 할래? 미리 눈대중하기 없기야~.

사다리 아랫부분에 '꽝' 등을 표시한 후 사다리 중간 부분을 가리고 아이에게 사다리 윗부분 중 하나를 선택하게 합니다.

4. **어머 ○○가 꽝이 걸렸구나.**
   으아 다행이다. ○○는 무사해.

   한 사람 한 사람씩 사다리 타기를 합니다. 꽝이 나와서 간식을 못 먹게 되면 또 하자고 할 거예요. 아이에게 다시 그려달라고 하세요. 재미있는 반응과 추임새를 더해 사다리 타는 과정을 긴장감 있게 만들면 더 재미있습니다.

   응용 및 확장 활동

   ★ 가사 활동 분배같이 아이들이 좋아하지 않는 활동을 사다리 타기를 통해 할당해 마치 게임처럼 느끼게 해보는 것은 어떨까요?

   엄마 아빠를 위한 Tip

   1. 아이가 사다리 타기 결과를 마음에 들어 하지 않아 칭얼거리더라도 잘 다독여 결과를 수용하도록 도와주세요.
   2. 아이가 원하는 결과가 나올 때까지 반복해도 좋습니다.
   3. 아이가 사다리 타기의 묘미를 제대로 느낄 수 있게 가족들이 다 모였을 때 청소 역할 정하기 등으로 놀면 더 재미있답니다.

엄마놀이 16

둘이 한 손가락으로 종이 옮기기

자기 혼자 종이 한 장 들어 올리는 일은 식은 죽 먹기입니다. 하지만 만약 둘이서 각각 한 손가락만 사용해서 종이를 들어 올리고 목표지점에 옮겨놓기를 한다면 어떤 상황이 벌어질까요? 게다가 말하지 않기를 조건으로 한다면 서로 마음을 맞추느라 한참 실랑이를 벌이겠죠? 손가락의 위치, 서로 미는 힘의 정도에 따라 성공할 수도 실패할 수도 있습니다. 서로에 대한 이해와 배려를 통해 협동심이 좋아지고 문제 해결력도 높아집니다.

놀이방법

1. **바닥에 있는 종이를 손가락 하나로 같이 들어 올리는 거야.**

2. **하나, 둘, 셋 하면 천천히 들어 올리는 거야.**

   아이와 키 차이도 나고, 움직이는 정도와 속도가 다르지요. 둘이 호흡을 잘 맞출 수 있도록 지시어를 활용하기 바랍니다.
   "하나, 둘, 셋 천천히 올리자."
   "잠깐, 엄마가 일어서야 하니까 기다려줘."
   "손가락에 그대로 힘주고 식탁 쪽으로 천천히 걸어가자."

3. **손가락을 마음대로 움직이면 종이가 떨어질 것 같아.**

   두 사람의 힘의 균형이 어긋나면 종이가 떨어질 수 있습니다.
   떨어지면 다시 제자리로 돌아가 처음부터 다시 시작합니다.

4. 조심조심, 하나둘, 하나둘.

소리 내어 장단을 맞추면 호흡 맞추기가 쉬워지지요.

"소리를 맞추니까 호흡이 잘 맞네. 하나둘, 하나둘."

5. 우리 둘이 진짜 호흡 잘 맞는다. 그치!

몇 번을 실패해도 중요한 건 끝까지 성공했다는 점입니다. 하이파이브하면서 충분히 함께 축하하세요.

"야, 성공이다!"

"자! 하이파이브! 짝!"

6. 이렇게 해보니까 어때?

"어떤 점이 힘들었어?"

"엄마한테 하고 싶었던 말이 뭐야?"

"다음번에 할 땐 어떻게 하면 더 좋을까?"

응용 및 확장 활동

★ 손가락 하나라고 말하면 보통 검지를 사용하지요. 엄지, 중지, 약지, 소지까지 모두 사용해서 놀이를 해보세요. 같은 놀이지만 각각 느낌이 다 다르답니다.

★ 손가락 없는 주먹 손으로 시도해보세요. 손가락 없는 장애인의 느낌도 이해하게 되고 어떤 도움이 필요한지도 깨닫게 됩니다.

★ 말하지 않고 해보는 것도 재미있습니다. 손짓과 표정만으로 소통하며 진행해보세요. 두 사람의 마음을 맞추는 연습이 아주 즐거운 과정이 될 겁니다.

엄마 아빠를 위한 Tip

1. 아이의 키와 걸음걸이를 기준으로 호흡을 맞추어주세요.
2. 아이와 힘의 균형이 잘 맞아야 합니다.
3. 힘을 너무 주느라 아이가 힘들어할 수 있습니다. 칭찬과 격려를 자주 해주세요.
4. 온 가족이 짝을 바꾸어가며 호흡을 맞추는 연습을 하면 더욱더 친해진답니다.

엄마놀이 17

고깔과 공 만들어 공 받기

이면지나 잡지 같은 종이로 놀아볼까요? 각각 종이 한 장을 말아 고깔을 만들고, 다른 한 장을 구겨서 종이 공을 만듭니다. 놀이 준비가 끝났습니다. 너무 간단하죠? 이제 공 받기 놀이만 하면 됩니다. 아이와 진짜 캐치볼 한번 하려면 준비가 많습니다. 밖에 나가 적당한 장소를 찾는 것도 번거로운 일이지요. 하지만 집안에서 이렇게 놀아보세요. 공을 주고받으며 나누는 대화로 사회성도 키우고, 아이디어도 발전시키세요. 사소한 문제가 생길 때마다 해결책도 잘 떠올리는 아이를 발견하게 될 거예요.

놀이방법

1. 종이 한 장으로 고깔을 만들어보자.

종이를 말아 고깔을 만들어 보여줍니다. 유아나 저학년은 어려워할 수 있으니 잘 관찰하도록 이끌어주세요.
"천천히 이렇게 접어봐."
"종이의 긴 쪽을 반으로 접는 느낌으로 둥글게 말아보자."

2. 종이 한 장을 구겨서 공을 만들 거야.

종이를 구겨 둥글게 만들어 공으로 사용합니다. 테이프를 달라고 요구할 수 있으나, 가능하면 그냥 종이만 가지고 놀아보는 게 더 좋습니다. 재료가 부족할수록 문제 해결을 위한 아이디어를 더 많이 생각하게 됩니다.
"우리 그냥 종이만 가지고 놀아보자."

3. 테이프가 없어도 재미있게 놀 수 있네.

"고깔도 테이프를 붙이면 더 단단하겠지만 그냥 한번 놀아보자."
"손힘을 잘 조절해야 할걸. 그렇지 않으면 고깔이 구겨져요."

4. 자, 엄마가 던질게. 네가 받아.

종이 공을 고깔에 담아 던지면 고깔로 받습니다. 받은 사람은 또 고깔에 담긴 공을 던지세요.
"잘 받아."
"잘 던져줘."
"엄만 높이 던져야지."
"와! 잘하는데!"

5. 더 멀리 서서 해볼까?

거리를 조정하여 받기 놀이를 하면 더 재미있습니다. 누가 10번, 20번을 먼저 받는지 시합해도 좋아요. 한 번씩 받기에 성공할 때마다 숫자를 세어보세요. "몇 대 몇!" 하며 외치면 더 흥미진진해진답니다.

응용 및 확장 활동

- ★ 종이 공 대신 탁구공이나 작은 인형을 사용해도 재미있습니다.
- ★ 좀 더 거리를 멀리하여 손으로 던지고 고깔로 받기를 해보세요.
- ★ 공을 받으려고 몸을 움직이다 가구에 부딪치지 않도록 아이는 안전한 곳에 위치하게 해주세요.

엄마 아빠를 위한 Tip

1. 의외로 고깔 접는 걸 어려워하는 아이가 많습니다. 입구가 좁고 긴 고깔을 만들기도 하지요. 천천히 잘 관찰하고 스스로 만들 수 있도록 도와주세요.
2. 놀다 보면 고깔이 망가져 다시 종이를 달라고도 합니다. 새 종이를 주기보다 손힘을 조절하도록 조언하고 계속 사용하기를 권해보세요. 구겨진 고깔로도 놀이에 푹 빠질 수 있어요.
3. 테이프 등 다른 도구를 요구할 경우에도 종이만 가지고 더 놀아보도록 권하는 게 좋습니다. 아이가 짜증을 낼 정도가 되면 도구를 주셔도 좋습니다. 이렇게 조금씩 연습하다 보면 어떤 상황에서도 더 잘 적응하며 놀게 된답니다.

엄마놀이 18

눈 감고 달팽이길 찾기

연필을 쥐고 눈을 감아보세요. 상대가 지시하는 대로 연필로 선을 그어봅니다. 과연 상대의 말을 잘 듣고 지시하는 대로 따라갈 수 있을까요? 한 사람은 지시하고 나머지 한 사람은 눈을 감고 믿고 따라가는 것, 과연 어떤 현상이 나타나는지 경험해보기 바랍니다. 서로 입장 바꿔 생각해보게 되고, 배려심이 향상되며, 서로에 대한 믿음을 키워갈 수 있답니다.

놀이방법

1. 빙글빙글 달팽이길이야.

종이에 달팽이길을 그립니다. 아이 나이에 따라 길의 폭을 조절하세요. 약 3~4cm 정도면 적당합니다. 달팽이길의 시작 지점과 끝 지점에 별을 표시하세요. 선이 아니라 길 중간에 표시해주세요.

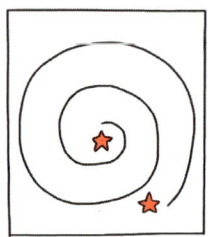

2. 눈을 감고 색연필로 길을 그릴 거야.

먼저 엄마가 안쪽 별에 색연필을 갖다 대고 눈을 감습니다. '이쪽, 저쪽' 등 알 수 없는 말을 하면 '왼쪽? 오른쪽?'이라고 되물어서 정확히 설명하도록 도와주세요.
"엄마는 네가 설명하는 대로 갈 거야."
"설명 잘해줘. 너만 믿어."
"이쪽이 어느 쪽이야? 오른쪽? 왼쪽?"

3. 천천히 잘 설명해줘.

하다 보면 아이는 자기 마음대로 되지 않아 소리를 지르거나 화를 낼 수도 있습니다. 혹은 자기 손으로 직접 그려주려고 하기도 합니다. 그럴 때는 이렇게 말해주세요.

"자, 흥분하지 마시고 천천히 말로 해주세요."
"손은 대지 말고 말로만."

4. 제대로 가고 있는 거 맞아?

눈을 감고 그리다 보면 왠지 의심이 들기 시작합니다. 엄마가 보았던 달팽이길과 다르게 지시하는 듯한 느낌이 들어요. 그래도 절대 눈뜨지 말고 말로 질문해주세요.

"알았어. 너만 믿고 갈게."

5. 야! 완성했다. 설명해보니 어때?

진행하다 보면 아이는 설명을 점점 잘하게 됩니다. 그럴 때 칭찬해주면 끝까지 포기하지 않고 잘할 수 있어요. 완성한 그림을 보며 서로 소감을 나누어보세요. 단, 처음부터 잘하는 경우는 거의 없습니다. 선을 넘기도 하고 삐뚤빼뚤해지는 게 자연스러운 현상이라는 것을 말해주세요.

"처음엔 못 알아들었는데 점점 설명을 잘해줘서 좋았어."
"네가 헷갈려도 엄마 입장을 이해하고 잘 설명해준 것 같아."

6. 이제 바꿔서 해볼까?

아이가 눈을 감고 엄마가 지시합니다. 엄마의 설명을 들으며 어떻게 설명하는 게 더 좋을지 배우게 되지요. 가끔 시간 날 때마다 해보면 서로 소통하는 방법에 대해 배우게 된답니다.

응용 및 확장 활동

★ 달팽이가 아닌 다른 도형으로 해도 좋습니다. 구불구불한 길이나 미로 그림을 활용해도 되고, 동물 그림을 놓고 그 위에 다시 그리는 것도 재미있어요.

★ 두세 번 진행해도 잘 안 되면 아무것도 없는 백지 종이에서 두 개의 별을 그려놓고 똑같이 실행해보세요. 오히려 더 지시에 잘 따르는 현상이 생깁니다. 두 가지 현상의 차이가 무엇인지 이야기 나누어보세요.

엄마 아빠를 위한 Tip

1. 중간에 연필을 떼게 되더라도 잠시 눈을 뜨고 다시 그 지점에서 시작하면 됩니다.
2. 설명하는 역할, 그리는 역할을 번갈아 하며 서로의 입장을 이해하게 됩니다.
3. 눈을 감고 지시를 듣다 보면 설명을 의심하는 마음이 들지요. 어른도 아이도 마찬가지입니다. 자신이 눈으로 본 것과 설명이 다르다고 느낄 수 있습니다. 그런 마음에 관해 이야기를 나누는 것이 좋습니다.
4. 완성한 그림을 며칠 동안 잘 보이는 곳에 붙어놓아 보세요. 볼 때마다 상대방의 입장에서 생각하고 표현하는 것에 대해 생각하게 되겠지요.

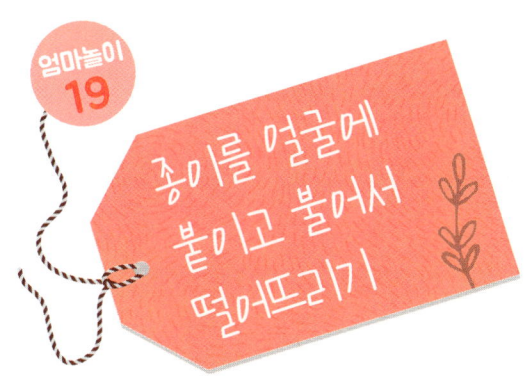

엄마놀이 19

종이를 얼굴에 붙이고 불어서 떨어뜨리기

종이 한 장을 손가락 길이 정도로 찢어주세요. 물을 묻혀 얼굴에 붙이고 시간을 재며 동시에 떨어뜨리기 놀이입니다. 조금 발전시켜서 입바람을 불어 상대편 종이를 떨어뜨리면 더 재미있습니다. 서로의 입바람으로 얼굴을 간지럽히니 마치 아기가 된 것처럼 행복한 장난으로 느껴진답니다. 부모와 자녀 간에 친밀감이 향상되니 심리적 안정에도 큰 도움이 되겠지요?

놀이방법

1. 종이를 손가락만 한 크기로 잘라봐.

가위 없이 손으로 자르는 게 더 모양이 자연스럽습니다.
"손가락만 한 크기로 잘라주세요. 어떤 모양이라도 괜찮아요."

2. 자른 종이를 살짝 물을 묻혀서 얼굴에 붙이기!

그릇에 물을 조금만 준비해두세요. 자른 종이 한 부분에 물을 묻히면 얼굴에 잘 붙습니다.
"종이에 물을 묻히면 얼굴에 붙을까?"
"야, 잘 붙는다. 여기저기 많이 붙여보세요."

3. 거울 보자. 종이 붙이니까 어때?

종잇조각을 붙인 얼굴을 기념사진으로 찍어주세요.
"기념사진 찍자. 멋지게 포즈 취해주세요."

4. 지금부터 얼굴 근육을 움직여서 종이를 떼는 거야. 시작!

"손을 사용하면 안 돼. 손은 뒤로 모아 잡기."

"어떻게 하면 더 잘 떨어질까?"

"얼굴을 오므렸다 폈다, 입을 삐죽, 코를 찡긋."

5. 몸은 움직여도 돼.

몸도 함께 움직여 뛰거나 달려도 좋습니다. 다 뗄 때까지 충분히 시간을 주세요.

6. 이 놀이 마음에 들어?

"놀이 소감을 말해주세요."

"어떤 느낌이 들었나요?"

"어떤 생각이 들었어요?"

"누구랑 또 해보고 싶어요?"

응용 및 확장 활동

★ 티슈에 물을 묻히거나 작은 포스트잇 등을 활용해서 진행해도 좋습니다.
★ 서로 입바람으로 불어서 떼는 시합을 해도 좋습니다. 이땐 침이 튀기지 않도록 주의하세요.

엄마 아빠를 위한 Tip

1. 종잇조각을 다 붙인 모습을 보면서 웃으며 대화를 나누어보세요. 재미있는 모습 덕분에 다양한 이야기가 가능하답니다.
2. 얼굴이 가려지는 느낌은 소심하고 주눅이 든 아이에겐 또 다른 자신을 발견하는 좋은 기회가 됩니다. 놀면서 아이가 흥분해도 잘 받아주세요.
3. 엄마 아빠 얼굴에 붙은 걸 떼어주겠다고 할 때 기꺼이 얼굴을 맡겨주세요. 거절하면 상처받을 수 있으니까요.
4. 종잇조각을 서로 얼굴에 붙여주는 동안 더 친해지고 정다워진답니다. 함께 깔깔 웃을수록 아이의 스트레스도 날려버릴 수 있어요.

엄마놀이 20 - 왕관 만들어 왕-신하 놀이

왕은 지시하고 신하는 수행합니다. 왕 마음대로 하는 게 아니라 신하가 들을 만한 명령을 내려야 하지요. 서로 역할을 바꾸어 하다 보면 어떤 지시가 적절한지, 어떻게 부탁해야 하는지 저절로 배우게 됩니다. 여자아이라면 공주나 여왕으로 바꾸어 진행해보세요.

 놀이방법

1. 왕관을 만들어보자.

반듯한 모양을 좋아하는 아이라면 자를 사용해서 왕관을 그립니다. 색연필, 사인펜으로 멋지게 꾸미도록 도와주세요.

"우리 왕관 만들어볼까?"
"우선 종이를 반으로 길게 잘라요."
"이렇게 뾰족뾰족 왕관 모양을 그리면 돼. 어떤 왕관 만들고 싶어?"

2. 멋진 왕관이 완성되었어요.

두 장을 스카치테이프로 붙여서 왕관을 완성합니다. 왕이 되는 순서를 정할 때 아이가 먼저 하겠다고 우기면 수용해주세요.

"누가 먼저 왕이 되지?"
"좋아. 넌 특별하니까 먼저 왕 하세요."

3. 전하! 명령을 내리시옵소서.

왕이 명령하면 지시에 따릅니다. 너무 무리한 요구를 하면 지시에 따르기 어려운 이유를 말합니다. 왕이 되면 몇 가지 명령을 사용할지 미리 정합니다. 처음엔 세 가지 정도가 적당합니다.

"가서 내가 좋아하는 아이스크림 10개 사오너라."
"전하, 왕실 재정이 바닥나서 아이스크림을 살 돈이 없사옵니다."

4. 전하, 진정하시옵소서.

아이가 약간 어려워하는 정도의 명령을 내려주세요. 아이의 표정을 보며 강약을 조절하시기 바랍니다.

"주위가 너무 어지럽구나. 깨끗하게 치워보아라."
"어깨가 아프구나. 힘차게 주물러보아라."
"왠지 외롭구나. 내 뺨에 뽀뽀 100번 하여라."

응용 및 확장 활동

★ 왕-신하 놀이는 일종의 역할놀이입니다. 의사와 환자, 마트 주인과 손님, 경찰과 도둑 등 다양한 역할로 변화시켜 놀 수 있지요.

엄마 아빠를 위한 Tip

1. 아이의 명령을 수행할 때는 진짜 왕처럼 대해주세요. 단, 왕은 마음대로 하는 사람이 아니라 신하를 잘 배려하는 사람이라는 것을 깨닫도록 도와주세요.
2. 엄마 아빠가 왕이 되어 요구할 때 아이가 억울하지 않게 수위를 조절해주세요. 너무 무리하면 놀이를 그만두려고 할 테니까요.
3. 놀이 후 소감을 나누어보세요. "왕이 되어 보니 어때?", "신하가 되어 보니 어때?", "어떤 왕이 되고 싶어?" 이런 질문으로 충분히 자기 생각을 표현하는 경험이 좋습니다.
4. 특별히 왕이 되고 싶은 날이 있으면 미리 말하면 들어주겠다고 약속해주세요. 아이 마음이 불편해지는 날 왕 놀이를 하면 아이 마음을 쉽게 알 수 있답니다.

엄마놀이 21 - 오목 놀이

오목 놀이를 모르는 어른은 없습니다. 그런데 오목을 모르는 아이는 많습니다. 우리 아이에게도 오목 놀이를 가르쳐주세요. 오목은 삼국시대 이전부터 행해진 놀이이며, 예부터 지능발달을 돕는 놀이로 중요시했다고 전해집니다. 오목은 자기 돌이 먼저 5개가 나란히 되면 이기는 놀이입니다. 상대방이 3이면 방어해야 하고, 여유가 생기면 내가 4를 만들기 위해 고민하게 되지요. 돌 하나하나를 놓으며 생각하고 또 생각하니 지능발달에도 도움이 되고 판단력도 기르게 됩니다.

놀이방법

1. 오목 한판 둘까?

종이에 줄을 그어 오목판을 만들어주세요.
"바둑판이 없어도 어디서든 오목을 둘 수 있어."
"오목판을 만들어볼까요?"

2. 자기 돌을 먼저 5개 놓으면 이기는 거야.

아이의 나이와 이해수준에 따라 쉽게 설명합니다. 서로 다른 색연필로 자기 색깔을 정하고 동그라미로 돌을 놓습니다.
"한 사람이 한 개씩 차례로 그리는 거야."
"3개를 놓으면 한쪽은 막아야 해."
"막는 건 방어, 네 걸 이어가는 건 공격."
"공격 작전도 쓸 수 있고 방어 작전을 쓸 수도 있어."

3. 오목에는 규칙이 있어.

"네가 하수니까 먼저 시작해."
"삼삼(삼목)은 안 하기로 해. 삼삼은 삼이 2개 이상 연결되게 하는 거야."

"돌이 2개, 1개 띄어져 있는 것도 삼삼이야."

4. 자, 게임을 시작해볼까요?

"방어를 열심히 하다 보면 공격할 기회가 생기지."
"이기고 싶은 마음에 공격만 하다 보면 위험해질 수 있어."
"자기 것만 보는 사람이 있고, 남의 것도 보는 사람이 있어. 어떤 방법이 더 좋은 것 같니?"

5. 엄마는 외할아버지께 배웠단다.

놀이가 대를 이어 전수됨을 알려주세요. 누구에게 배웠는지 이야기하면 단순히 놀이를 배운다는 차원을 넘어 자신이 가족의 일원이라는 것과 조상의 대를 이어간다는 의미도 깨닫게 된답니다.
"엄마는 외할아버지께 배웠단다. 지금 생각해도 참 재밌었어."

6. 야! 처음인데 생각을 잘하는구나.

잘한 점과 강점을 찾아 말해주면 자신감, 자존감이 쑥쑥 올라갑니다.
"꼼꼼하게 잘하네."
"남의 것도 잘 보고 방어하는구나."
"관찰력이 좋네."
"작전을 잘 짜는구나."

응용 및 확장 활동

★ 오목판을 만드는 다양한 방법을 활용해보세요. 자 대신 다른 물건을 활용해도 되고, 손으로 줄을 그어도 됩니다. 접어서 칸 모양을 만들어도 좋고, 컴퓨터로 표를 그려 출력해서 사용해도 좋습니다. 다양한 방법을 활용하면 아이의 문제 해결력도 쑥쑥 높아집니다.

엄마 아빠를 위한 Tip

1. 처음엔 어려울 수 있으니 아이가 흥미를 갖도록 지지하고 칭찬해주세요.
2. 고수와 하수의 의미를 알려주세요. 고수는 바둑이나 장기에서 수가 높은 사람, 하수는 남보다 낮은 재주를 가진 사람임을 말해주세요.
3. 이기고 지는 것보다 더 중요한 것은 잘 생각하고 공격 작전, 방어 작전을 모두 경험하는 것임을 말해주세요.
4. 5~6세 이상이면 천천히 설명하면 잘 배울 수 있습니다. 한번 이해하고 나면 게임을 즐길 수 있습니다.

엄마놀이 22
오목이 아닙니다 놀이

이 게임은 이름엔 오목이 들어가지만 전혀 다른 놀이입니다. 길을 막고 방해하는 오목이 아니라는 것이지요. 각자 자신의 과제만 열심히 하면 됩니다. 하지만 자신에게 익숙하지 않은 조건이 제시되면 쉽게 인지하지 못하기도 하고, 경쟁에 길든 사람은 남의 것을 막느라 자기 것을 놓치기도 합니다. 다른 사람을 방해하지 않고 자기 일에 집중하면 더 좋은 결과를 얻을 수 있음을 깨닫게 되는 재미있는 놀이입니다.

놀이방법

1. **각자 자신의 표식을 정하자. 엄마는 ○, 넌? (예: △, ★, ♡ 등)**

2. **누가 먼저 할까? 뭐로 정할까?**

    아이가 원하는 대로 정해주세요. 가위바위보도 좋고, 어린 사람이 먼저 하겠다는 것도 좋습니다. 단, 매번 자기 위주로만 정하려 할 때는 문제를 제기하고 합리적으로 결정하도록 이끌어주세요.

3. **이제 1분 동안 순서대로 하나씩 표시하는 거야. 시작!**

    순서를 정해 차례로 하나씩 자기 표식을 표시해 나갑니다(오목 두는 방법으로).

4. **왜 자꾸 엄마 것을 막니? 난 다른 쪽 가서 해야지.**

    아이가 자꾸 상대방을 방해하면 아예 다른 영역으로 옮겨보세요. 처음엔 막으려고만 하다가 서서히 깨닫게 됩니다.
    "너도 이젠 네 걸 열심히 하는구나."

5. 이제 시간이 다 됐으니 점수를 매겨볼까?

기준에 따라 점수를 매겨 보세요.

응용 및 확장 활동

★ '오목 놀이'와 '오목이 아닙니다 놀이'를 번갈아 놀아보세요. 게임의 목표와 방법에 따라 유연하게 적응하는 융통성을 배울 수 있습니다.

★ 놀이 규칙 정하기, 순서 정하기는 모든 놀이의 기본 사항입니다. 놀이에 참여하는 사람들이 모두 동의하도록 합리적으로 규칙을 정하는 방법을 경험할 수 있게 해주세요.

★ 점수 매기는 방법이 마음에 드는지 물어보고 어떻게 바꾸고 싶은지 의견을 듣습니다. 놀이 참가자 모두 동의하는 방식으로 바꾸어서 진행해도 좋습니다.

엄마 아빠를 위한 Tip

1. 한곳에서 서로 부딪칠 땐 어떻게 하면 좋을지 아이와 이야기 나누어보세요.
2. 길이 막히면 새로 시작할 수 있는 다른 공간이 남아 있음을 알려주세요.
3. 점수를 셀 때 가로, 세로, 대각선 등이 너무 많아 어려울 수 있습니다. 아이와 협의하여 기준을 정하면 됩니다.
4. 이기고 진 원인에 관해 이야기 나누기 바랍니다. 자신이 어떤 생각을 하는지, 어떤 작전을 사용하는지 깨닫게 됩니다.

점수 매기는 방법

한 사람의 표식이 4개가 연속되면 1점, 5개 연속은 2점, 6개 연속은 3점, 7개 연속은 4점으로 계산합니다. 그 이상도 4점입니다. 점수가 많은 사람이 이기는 게임입니다.

표식	이름	점수	합계

엄마놀이 23 — 종이 징검다리

만약 우리 앞에 냇가와 징검다리가 있는데, 징검다리에 함정이 있다면 아무 다리나 건너지 않겠지요? 이런 원리를 이용해서 긍정 언어와 부정 언어를 연습하는 놀이입니다. 긍정 언어의 다리를 짚으면 점수를 주고, 부정 언어의 다리를 짚으면 점수를 깎아요. 빨리 목적지에 가고 싶은 마음에 제대로 보지 않으면 오히려 점수를 깎이게 되지요. 조금 느려도 잘 살펴 어느 다리를 짚을지 고민하다 보면 언어 사용에 대한 올바른 감각을 키워갈 수 있습니다.

놀이방법

1. 종이를 4조각으로 잘라 징검다리 놀이를 할 거야.

종이 5장으로 20장의 카드를 만들고 시작합니다.
"친구들에게 들어서 기분 좋은 말 5가지를 카드 한 장에 하나씩 쓰는 거야."
"들어서 기분 나쁜 말 5가지도 써보자."
"엄마도 각각 쓸게."
"이 카드에 이름을 붙일게. 친구관계가 좋아지는 건 '디딤돌', 반대는 '걸림돌'이라고 하자. 어때?"

 예

디딤돌	고마워. 부탁해. 손잡기. 잘했어. 어서 와. 안녕. 미안해. 괜찮아. 나랑 놀래? 줄까?
걸림돌	욕하기. 짜증 내기. 저리 가. 재수 없어. 이상해. 너랑 안 놀아. 어쩌라고!

2. 다 썼으면 바닥에 징검다리처럼 놓아두자.

"출발과 도착 지점을 정해야 해."
"징검다리를 건너 도착점까지 갔다가 돌아오는 게임이야."
"디딤돌을 밟으면 1점, 걸림돌을 밟으면 −1점이야. 제한시간 1분."
"1분이 되어도 도착 못 하면 −2점."

3. 빨리 가려다 걸림돌 밟으면 오히려 손해예요.

"디딤돌 찾느라 너무 늦게 걷다가 되돌아오지 못하면 −2점이야."
"어떻게 해야 할지 작전을 잘 짜세요."

4. 먼저 시작해. 시간 재면서 점수 체크할게.

아이가 징검다리를 건너는 동안 딛는 부분이 무엇인지 빨리 써둡니다.
아이가 돌아오면 함께 체크해서 모두 몇 점인지 계산합니다.
1분이 되었음을 알려주는 알람을 쓰거나 다른 가족이 시간을 알려주어도 좋습니다.

5. 걸림돌 안 밟으려고 정말 애썼네.

아이가 디딤돌과 걸림돌을 구분하는 모습을 지지해주세요. 실제 언어 사용에서 디딤돌을 선택하는 연습이 되므로 충분히 지지할수록 좋습니다.
"어쩜 그렇게 디딤돌만 잘 찾아가니?"

응용 및 확장 활동

★ 가족이 함께해보세요. 각자가 생각하는 걸림돌과 디딤돌이 다를 수 있으므로 왜 걸림돌이 되는지, 왜 디딤돌이 되는지 이야기 나누면 서로를 더 잘 이해하고 아끼게 됩니다.

엄마 아빠를 위한 Tip

1. 종이를 밟으며 앞으로 가니 미끄러지지 않도록 안전에 주의해주세요.
2. 시간에 쫓겨 빨리 가다 보면 실수로 걸림돌을 밟게 되기도 합니다. 몇 번 더 게임을 진행해보세요. 점점 더 디딤돌만 잘 찾아갈 수 있답니다.
3. 아이가 엄마보다 점수가 낮으면 다음엔 어떤 작전으로 하면 이길 수 있을지 예측하는 질문을 해주세요.
4. 가족이 함께할 때는 팀 대항전으로 하면 더 재미있습니다. 빨리 가려는 마음이 앞서니 실수도 더 많이 하게 되겠지요.
5. 이 게임을 다르게 활용할 아이디어를 아이에게 질문해보세요. 당장 대답 못 해도 분명히 생각하기 시작하니까요. 언젠가 불쑥 아이가 다시 말을 꺼낼 때 충분히 칭찬해주면 됩니다.
6. 놀이를 거듭하면서 디딤돌 언어와 걸림돌 언어를 추가해가시기 바랍니다.

엄마놀이 24
삼등분 사람 그리기

세 사람이 서로 보지 않은 채, 사람 모습의 상중하를 나누어 그려서 합체하면 어떤 사람이 나타날까요? 남자인지 여자인지 말하지 않고 그냥 각자 생각한 대로 그려서 모아보세요. 얼굴, 몸, 다리가 제각각인 그림이 그렇게 우스꽝스러울 수 없습니다. 처음엔 자기 생각대로만 그리다가 서서히 상대가 어떤 모습으로 그릴지 짐작하며 완전한 형태로 변해간답니다. 보기만 해도 웃음이 절로 나는 그림이 만들어져요. 웃음이 필요할 때 꼭 해보시기 바랍니다.

놀이방법

1. 종이를 삼등분해서 머리, 몸, 다리 부분을 그릴 거야.

종이를 삼등분해서 접습니다. 맨 윗부분은 머리, 중간은 몸, 아랫부분은 다리를 그리기로 합니다. 두 사람이 할 땐 아이가 머리와 다리, 엄마가 몸을 그려보세요. 물론 바꾸어서 해도 좋아요.
"첫 번째 사람이 머리를 그릴 때 나머지 사람은 보면 안 돼."
"잘 생각해서 머리 부분을 그려."

2. 다 그렸으면 안 보이게 접어서 엄마에게 주세요.

머리를 다 그리면 그린 부분을 뒤로하고 중간 부분을 펴서 다음 사람에게 넘깁니다. 가운데 부분에 몸을 그려요. 당연히 상대가 그린 그림을 상상해서 이어 그려야 합니다. 먼저 그린 사람도 뒷사람이 그리는 걸 보지 않기로 합니다.
"이제 중간 부분에 엄마가 몸을 그릴게."
"너도 보면 안 돼."
"네가 어떤 머리를 그렸을지 궁금하네."

3. 이제 마지막 사람이 다리를 그려주세요.

종이의 맨 아랫부분을 펴서 다시 아이에게 넘깁니다. 세 사람이 할 땐 다른 사람이 그리면 됩니다.

"어떤 몸일지 상상하고 그려주세요."

"몸이 제대로 잘 맞아야 할 텐데."

4. 어떤 사람이 그려졌을까?

다 완성하면 하나, 둘, 셋 하면서 그림을 공개합니다. 그림의 모습이 엉뚱해서 다 함께 웃을 수 있습니다. 혹시 자신감 없는 아이가 그림을 망쳤다고 속상해한다면 재미있게 즐기도록 위로해주세요.

"진짜 웃긴 모습이다. 그치? 네 덕분에 그림이 더 재미있어."

"일부러 그리려고 해도 이런 모습 나오기 힘들겠다."

5. 우리 동물도 한번 그려보자.

토끼나 코끼리 같은 동물을 정해서 다시 진행해보세요.

"누가 머리 부분 그리고 싶어?"

"어떤 동물을 그려볼까?"

응용 및 확장 활동

★ 종이를 삼등분으로 나누어서 그리고 합체해도 좋습니다.
★ 반으로 접어 다양한 사물의 반쪽을 서로 상상해서 그리고 펼쳐보세요.
★ 삼등분, 사등분 해보고 어떤 방법이 더 재미있는지 의견도 나누어보세요.

엄마 아빠를 위한 Tip

1. 다른 사람이 그리는 걸 미리 보면 재미가 없습니다. 서로 보지 않기 규칙을 잘 지키도록 이끌어주세요.
2. 자신감 없는 아이는 특히 자신 때문에 그림이 망쳤다고 생각할 수 있습니다. 이럴 땐 덕분에 더 재미있는 그림이 되었다고 지지해주세요.
3. 놀이가 재미있으면 아이는 말을 많이 하게 됩니다. 그 말을 잘 기억하거나 받아 써 두었다가 오늘의 일기 주제로 쓸 수 있도록 도와주세요.
4. 접은 종이를 전달할 때 위아래가 바뀔 수 있지만 그 또한 재미있는 경험입니다. 놀이가 거듭되면 저절로 깨닫게 되니 굳이 설명하지 마시고 지켜보시기 바랍니다.

4

말이 술술 글이 잘잘, 신나는 말놀이 글놀이

종이로 펼쳐가는 말과 글의 세상

아이는 태어나서 말을 배우기 시작합니다. 아이가 배우는 말은 어떤 말일까요? 한국에서 태어난 아이는 한국말을 배우고 다른 나라에서 태어난 아이는 그 나라의 말을 배우지요. 너무 당연한 이 사실 속에는 중요한 비밀이 숨어 있습니다. 아이에게 들려주는 말이 어떤 말인지에 따라 아이가 사용하게 될 말이 확 달라진다는 사실입니다.

"빨리해"라고 엄마가 말한다면 아이는 빨리하는 걸 배울까요? 아니면 빨리하라고 소리치는 말을 배울까요? 어떤 6살 아이가 엄마한테 혼나고 가서 공연히 동생에게 화풀이를 합니다. 앉아서 장난감을 가지고 놀고 있는 동생에게 몸으로 밀치고 비키라고 소리칩니다. 그러더니 하는 말이 "저리 가. 넌 필요 없어. 넌 태어나지 말았어야 해"입니다. 어린아이가 어떻게 이런 말을 하느냐고요? 아이가 엄마한테 혼나며 들었던 말은 바로 이런 말이었습니다.

"왜 이렇게 말을 안 들어? 넌 나 괴롭히려고 태어났니? 내가 괜히 널 낳아가지고!"

엄마에게 들었던 말을 고스란히 동생에게 쏟아 붓고 있습니다. 엄마가 가르치고 설명하는 말의 내용대로 자라는 것이 아니라, 혼내고 비난하는 말로 자신을 만들고 있습니다. 그러니 엄마가 자주 사용하는 말이 어떤 말이어야 할지 두말할 필요가 없겠지요.

글은 엄마 아빠에게 어떤 의미인가요? 글쓰기를 좋아하시나요? 글 한 장 써야 한다면 어떤 글을 쓸 수 있나요? 이상하게 우리 모두에게 글쓰기는 참 어렵고 피하고 싶은 존재입니다. 이렇게 된 이유는 글쓰기 교육에 있습니다. 그 누구도 글쓰기가 쉽고 재미있고 쓰면 쓸수록 더 의미가 생긴다는 사실을 배우지 못했습니다. 늘 숙제였고, 잘하지 못해서 혼나는 것이었습니다. 그러니 누가 글쓰기를 좋아할까요?

그런데 아주 드물게 글 쓰는 걸 좋아하는 아이들이 있습니다. 자신이 쓴 글이 누군가를 웃게 하거나 기분 좋게 한다는 사실을 경험한 아이들입니다. 그냥 마음속에서 하고 싶은 말을 있는 그대로 썼는데 아빠가 칭찬하기도 하고, 엄마는 눈물이 핑 돌며 감동하기도 합니다. 이런 경험을 한 아이에게 글쓰기는 자신만의 마법 상자에 간직한 비법과도 같은 느낌이지요.

우리 아이에게 말과 글이 이런 의미가 되었으면 좋겠습니다. 내가 한 마디 하면 사람들이 기뻐하고 즐거워하고, 내가 쓴 글을 보고 모두 기특하다며 칭찬하고 자신이 생각해도 그 말과 글이 마음에 들어 뿌듯해지면 좋겠습니다. 누군가의 눈을 보고 미소 지으며 건네는 말, 하얀 종이 위에 마음을 움직이는 말을 쓸 줄 아는 아이로 키우고 싶습니다.

이제 종이로 말과 글놀이를 시작해보세요. 아이가 사용하는 말 중에 예쁜 말을 모아 말놀이 글놀이를 해보세요. 아이가 배우기를 바라는 고운 말로 놀이를 즐겨보세요. 가족 모두가 행복해지는 신기한 마법의 힘을 가졌답니다.

엄마놀이 25 - 기억력 게임

누구나 즐기는 기억력 게임을 말놀이로 응용했습니다. 아이가 배우기 바라는 말을 카드 두 장에 똑같이 써보세요. 인사말부터 시작해서 자주 사용하기를 바라는 고운 말 카드를 만들어 사용합니다. 말 걸기와 도움 요청하기, 제안하기 등의 말을 활용하면 사회성 발달에도 큰 도움이 되지요. 만든 종이카드 한 세트를 뒤집어 배열해놓습니다. 자기 차례가 되면 두 장의 카드를 열어볼 수 있지요. 두 장의 카드가 같은 말이면 카드를 따먹을 수 있어요. 놀면 놀수록 좋은 말을 더 많이 사용하게 된답니다.

놀이방법

1. 종이를 잘라서 카드를 만들자.

A4 용지 한 장을 반으로 자르고 다시 겹쳐서 반으로 자르기를 4번 해서 모두 16장의 카드로 만듭니다.

2. 이제 이 카드에 우리 가족이 모두 좋아하는 말을 쓸 거야.

각자 들어서 기분 좋은 말을 쓰도록 알려주세요. 엄마가 먼저 시작하면 아이도 쉽게 따라 할 수 있어요.
"엄마, 아빠, 친구들이 한 말 중에 기분 좋았던 말이 뭐야?"
"그래, 바로 그 말을 쓰면 돼. 같은 말 카드를 두 장씩 만드는 거야."
"생각이 안 나면 이 중에서 골라도 돼."

예

사랑해	도와줘	이렇게 해볼까?	화내지 말고 말해줘
웃는 모습이 좋아	도와줄까?	고마워	이렇게 해볼까?
좋은 생각이야	멋지다	훌륭해	집중하고 싶어
힘들었지	기다릴게	반가워	보고 싶었어

3. 이제 카드를 시작해볼까?

모두 뒤집어놓고 순서대로 놀이를 시작합니다. 카드를 뒤집어 볼 때 다른 사람도 볼 수 있도록 뒤집어서 제자리에 놓았다가 다시 뒤집도록 가르쳐주세요.

"한 번에 두 장을 골라서 열어보는 거야."
"뒤집은 카드는 이렇게 제자리에 놓았다가 잘 보고 다시 뒤집는 거야."
"잘 기억해야 카드를 많이 얻을 수 있단다."

4. 한 번 열어본 카드에 무슨 말이 쓰여 있는지 잘 기억해서 짝을 찾아주세요.

처음엔 잘 기억하지 못해 카드를 열어보기만 합니다. 맞추지 못하면 싫증 날 수 있으니 살짝 힌트를 주세요. 잘 못 찾으면 엄마 차례에 그 카드를 열어주세요. 그럼 아이가 더 잘 기억할 수 있어요.

"아, '고마워'가 여기 아래쪽에 있었던 것 같은데."
"와, 잘 기억하는구나. 멋지다."
"이번엔 엄마가 좋아하는 말이 나왔네. 엄만 '힘들었죠'가 좋아. 그럼 힘이 막 나거든."

응용 및 확장 활동

★ 처음엔 16장의 카드로 진행하다 점점 카드 수를 늘려주세요. 아이가 직접 글을 써도 좋고, 컴퓨터 워드로 쳐서 출력해서 사용해도 좋습니다. 카드에 쓰는 말의 목록이 늘어날수록 아이가 사용하는 좋은 말도 많아지겠죠?

★ 놀이에 사용한 말들은 따로 정리해서 냉장고나 거실 벽 한쪽에 붙여주세요. 무심코 보다 보면 그 말을 더 많이 사용하게 된답니다.

엄마 아빠를 위한 Tip

1. 카드에 쓰는 말이 혹시 누군가를 기분 나쁘게 하는 말이면 서로 물어보고 사용하지 말자고 말해주세요. 가족 가운데 한 사람이라도 마음에 들지 않는다면 '금지어'라고 외치게 하면 말이 상대방에게 어떤 영향을 주는지 더 잘 배울 수 있어요.

2. 종이가 얇아서 반복 사용이 어렵다면 과자 상자나 시리얼 상자에 A4 용지를 붙여서 잘라주세요. 그럼 여러 번 사용해도 끄떡없지요. 상자 그림이 달라 너무 쉽게 기억할까 봐 걱정하지 않아도 됩니다. 카드 뒷면의 그림을 기억하는 것도 좋은 기억력 훈련이 될 테니까요. 너무 쉽게 기억할까 봐 걱정된다면 같은 색의 색지를 붙여서 만들면 되겠죠?

3. 카드놀이에 사용한 말을 일상에서 사용한다면 칭찬해주세요. 이럴 때 이렇게 말하니 정말 기분이 좋다고 말해주세요. 점점 좋은 말을 많이 사용하는 아이를 만날 수 있답니다.

아이들 모두가 좋아하는 놀이가 있습니다. 바로 빙고 게임입니다. 빙고 게임의 소재를 무엇으로 정하는가에 따라 얼마든지 응용할 수 있습니다. 여기선 감정 단어로 빙고 게임을 해보겠습니다. 감정 단어를 제대로 사용하면 자신의 마음을 잘 표현하게 되고, 솔직히 표현함으로써 속도 후련해진답니다. 서로의 속마음을 제대로 알면 관계도 좋아지지요.

놀이방법

1. **빙고판을 그려볼까? 가로세로 똑같은 칸 수를 만드는 거야.**

   아이가 빙고판을 그릴 수 있도록 설명해주세요. 아이가 잘 이해하지 못할 경우 엄마가 먼저 그려서 예시를 보여주면 쉽게 따라 합니다. 나이에 따라 3×3, 4×4, 5×5를 정해서 진행하시기 바랍니다.

   "우리 몇 줄 빙고로 정할까?"
   "이렇게 그리면 돼."
   "종이를 접어서 선을 만들어도 돼."

2. **오늘은 감정 단어로 해보자. 네 마음을 표현하는 단어를 골라봐.**

    예

편안한 감정
감동적인, 뭉클한, 뿌듯한, 만족스러운, 개운한, 후련한, 든든한, 흐뭇한, 안심되는, 흥미로운, 용기 나는, 기운 나는, 당당한, 끌리는, 고마운, 자랑스러운
불편한 감정
걱정되는, 신경 쓰이는, 겁나는, 불안한, 초조한, 쑥스러운, 미안한, 혼란스러운, 부끄러운, 당황스러운, 억울한, 실망스러운, 비참한, 후회하는, 내키지 않는, 불쾌한

3. 각 칸에 단어 하나씩 써넣는 거야.

"같은 단어를 쓰면 안 돼."
"서로 보여주지 않고 써야 해. 비밀이야 비밀."

4. 다 썼으면 시작해볼까요?

순서를 정하고 차례로 자신이 적어놓은 감정 단어를 한가지씩 부릅니다. 부른 단어가 헷갈릴 수 있으니 다른 종이에 따로 써두는 것이 좋습니다.
"엄마가 부른 게 나오면 너도 하나씩 지우는 거야. O나 X로 표시하세요."
"뭘 불렀는지 헷갈릴 수 있으니 부를 때마다 다른 종이에 써두자."

5. 야호, 한 줄 빙고! 두 줄 빙고!

한 줄씩 빙고가 될 때마다 기뻐하여 분위기를 살려주세요. 게임 시작 전에 몇 줄 빙고를 할지 정했어도 아이가 중간에 다른 의견을 제시할 수 있어요. 가능하면 수용해서 다양한 경험을 해보는 것이 좋습니다. 게임을 더 오래 진행하려면 전체 칸을 다 채워야 이기는 전체 빙고를 해보는 것도 재미있어요.
"야, 신난다. 한 줄 빙고 완성!"
"우리 전체 빙고로 해볼까?"

6. 야! 빙고 놀이가 이렇게 재밌는 줄 몰랐네.

"빙고 놀이해보니까 어때?"

"우리 다른 빙고도 해볼까?"

응용 및 확장 활동

★ 빙고 주제는 얼마든지 무궁무진합니다. 숫자, 동물, 식물, 과일, 음식, 책 제목 등. 이 중에서도 감정 단어, 기분 좋은 말, 칭찬하는 말 등을 활용하면 재미있습니다. 아이가 거절한다면 좋아하는 주제로 시작해서 확대하시기 바랍니다.

★ 좀 더 가벼운 마음으로 하고 싶을 때는 음식 이름을, 위로가 필요할 땐 위로의 말 만 모아서 진행하는 것도 큰 도움이 됩니다.

엄마 아빠를 위한 Tip

1. 아이의 나이에 따라 적절한 수의 빙고를 합니다.
2. 엄마가 놀이에 빠져 너무 이기려 하는 경향이 생길 수 있습니다. 아이의 빙고판을 보며 적절히 아이가 이길 수 있게 진행의 묘를 살려주세요.
3. 교육적 욕심이 앞서가면 놀이의 흥미를 잃을 수 있으니 유쾌하고 명랑한 분위기를 유지해주세요.

엄마놀이 27 — 단어카드로 이야기 만들기

무작위로 선정된 서너 가지 단어로 문장이나 이야기를 만들 수 있나요? 고정관념이 강한 어른들은 관계없는 단어가 나열되면 이야기를 만들기가 어렵습니다. 하지만 아이들은 무한한 상상력을 발휘해 기발한 문장과 이야기를 만들어낸답니다. 게다가 자신이 만든 엉뚱한 이야기가 너무 재미있어 계속 놀고 싶어 하지요. 아이와 함께 이야기 만들기 놀이의 재미에 빠져보세요.

놀이방법

1. 종이카드에 좋아하거나 기억나는 낱말을 쓰자.

A4 한 장으로 약 32장 정도의 카드를 만듭니다. 잘라서 겹쳐 다시 자르기를 5번 하면 됩니다.
"종이카드를 단어카드로 만들 거야."
"자기가 좋아하는 단어, 물건. 동물. 사람, 이런 걸 쓰는 거야."
"카드 한 장에 한 단어씩 쓰세요."

2. 다 썼으면 가운데 모아두자.

"야! 재미있는 단어를 많이 썼구나."
"이야기를 만들다가 생각나는 단어가 있으면 단어카드 더 만들어도 돼."
"이제부터 각자 자유롭게 골라서 이야기를 만들어보자."
"엄마는 네가 쓴 단어로 이렇게 만들어야지. 하늘에서 꽃이 내립니다."
"너도 재미있게 이야기를 만들어봐."

3. 엉뚱한 이야기도 만들어볼까?

아이가 카드로 만드는 문장을 사진으로 찍거나 따로 글을 써두세요. 아이가 만든 재미있는 문장과 이야기를 모아두기만 해도 아이의 말과 글 실력이 쑥쑥 자란답니다.

"쥐가 공룡을 먹었어요."
"태양이 멀리 떠나버렸어요."

4. 진짜 재미있는 이야기를 잘 만드는구나.

"동화작가 해도 되겠다. 어떻게 이렇게 이야기를 잘 만드니?"
"어떻게 한 문장을 이렇게 길게 만들 수가 있니. 엄마는 생각도 못 했어!"

5. 단어카드로 이야기 만들기 해보니까 어때?

"엄만 마음대로 문장 만드는 게 너무 재밌었어. 넌?"
"네가 이렇게 창의적인 이야기 만들기를 좋아하는지 처음 알았어. 멋지다."
"상상해서 이야기 만들기도 정말 잘하는구나."

응용 및 확장 활동

★ 신문지를 갖다놓고 마음에 드는 그림과 단어를 오려서 모아두고 하면 더 재미있고 창의적인 이야기를 만들 수 있습니다.
★ 다른 놀이에서 활용한 감정단어, 칭찬 말, 디딤돌 언어 등을 함께 활용해보세요. 아이가 만드는 문장에서 속마음도 알 수 있어 큰 도움이 된답니다.

엄마 아빠를 위한 Tip

1. 욕이나 비속어가 아니면 아이가 쓰는 단어를 자유롭게 허용하면 좋습니다.
2. 이야기 만들기에 몰입하면 방해하지 말고 충분히 단어카드를 만들도록 허용해주세요.
3. 아이가 만든 이야기가 이치에 잘 맞지 않는 경우엔 질문해서 이야기를 채워나가도록 도와주세요. 고치라고 지적하지 않는 게 좋습니다.

엄마놀이 28 - 그림노래 놀이

"아침 먹고 땡, 점심 먹고 땡" 하고 노래 부르며 그림 그렸던 기억나시죠? 노랫말을 거의 잊어버린 부모들이 자신은 즐겁게 놀았지만 아이에게는 전해주지 못하는 전래놀이입니다. 노랫말에 맞추어 그림을 그리고 완성된 그림을 보면 해골, 문어 등의 모양이 완성되지요. 게다가 서로 완성된 그림의 모양이 조금씩 다르니 비교해보는 재미도 있습니다. 기억을 살려 아이와 놀아보세요. 무척 재미있을 뿐 아니라 그림을 뚝딱 완성하니 만족감도 커진답니다. 노래에 맞추어 그림을 그리니 협응력도 좋아지고 사회성 발달에도 도움이 됩니다.

놀이방법

1. 노래 가르쳐줄게. 엄마 따라 불러봐.

먼저 노래를 몇 번 불러 노래에 익숙해지도록 합니다.
"아침 먹고 땡, 점심 먹고 땡, 창문을 열어보니 비가 오더라.
지렁이 세 마리가 기어가는데, 아이고 무서워라 해골바가지."

2. 이제 한 줄씩 부르면서 그림을 그리는 거야.

노래 한마디씩 부르며 그림을 그립니다.

아침 먹고 땡	
점심 먹고 땡	
저녁 먹고 땡	
창문을 열어보니	
비가 오더라	
지렁이 세 마리가 기어가는데	
아이고 무서워라 해골바가지	

3. 그림 완성! 재미있지?

어느새 그림이 완성되었습니다. 그림 그리기를 어려워하는 아이도 쉽게 따라 그릴 수 있고, 완성된 그림이 웃겨서 더 재미가 있습니다. 마음껏 웃으며 이야기를 나누어보세요.

응용 및 확장 활동

★ 그림노래 놀이는 여러 가지가 있습니다. 기억하는 게 있다면 놀아주세요. 대표적으로 많이 쓰는 노래 몇 가지를 소개합니다. 노래 음은 해골바가지 노래와 비슷합니다. 아이와 자유롭게 만들어도 좋습니다.

곰 그리기	커다란 봉지에 빵이 3개 있는데, 아빠 찾아주세요. 엄마 찾아주세요. 육육에 삼십육, 육육에 백두산, 곰이 되었네.
참새 그리기	동그란 접시에 콩을 볶아서 아빠는 세 그릇, 엄마는 두 그릇, 나는 한 그릇. 입으로 먹었더니 배가 볼록, 앞다리가 뽕뽕, 뒷다리가 뽕뽕, 참새가 되었네.
문어 그리기	기러기 세 마리가 날아갑니다. 알을 3 개 낳았습니다. 비가 주룩주룩 내립니다. 우산을 쓰고 갑니다.

엄마 아빠를 위한 Tip

1. 엄마 아빠가 어릴 적 하던 놀이임을 알려주세요.
2. 노래는 변형해도 좋고, 응용해서 다른 그림을 그려도 좋습니다.
3. 인터넷을 검색해보면 〈두껍아 두껍아〉 노래에 맞춰 뽀로로 그리는 그림도 있습니다. 참고해서 창의력을 발휘하시기 바랍니다.

엄마놀이 29 편지 숨바꼭질

어릴 적 보물찾기 놀이를 좋아하셨나요? 대부분 보물이라는 말에 가슴 설레며 여기저기 찾으러 돌아다니면서 놀았을 겁니다. 보물을 찾고 받은 선물이 연필 한 자루뿐이어도 놀이 자체가 주는 설렘과 긴장이 너무 즐거웠습니다. 이 놀이를 응용했습니다. 한 번에 찾는 편지가 아니라 차례로 다음 편지를 찾게 해서 마지막 편지를 찾으면 바로 그 편지가 아이에게 전하는 진짜 편지입니다. 하나씩 실마리를 찾아가는 과정과 하나씩 찾을 때마다 신나는 아이의 모습에 엄마 아빠도 덩달아 신이 난답니다.

놀이방법

1. 엄마가 네게 줄 편지가 있어. 방에 들어가서 몰래 읽어봐.

아이가 글을 모르면 간단한 그림과 화살표를 이용해 그려주세요. 냉장고 속에 다음 편지를 숨겼다면 냉장고 그림과 화살표를 그리는 겁니다. 글자를 몰라도 충분히 즐길 수 있어요.

2. 편지를 찾았구나! 뭐라고 쓰여 있을까?

편지를 찾으면 함께 축하해주세요. 잘 읽고 다음 퀴즈 비밀을 풀고 다음 편지를 찾도록 분위기를 띄워주세요.

"편지에 퀴즈가 있네. 잘 풀 수 있을까요?"

예) 이 편지를 읽은 사람은 안방으로 들어가세요. 안방 문을 열고 앞으로 다섯 걸음, 오른쪽으로 세 걸음, 뒤 돌아 여섯 걸음, 다시 오른쪽으로 세 걸음 가세요. 위에서 세 번째 칸을 찾아보세요(서랍장 세 번째 칸이라는 말보다 이렇게 하면 더 흥미진진하답니다).

3. 다음 편지엔 뭐라고 쓰여 있을까?

아이가 좋아하는 책을 한 권 찾으세요. 그 책에서 특정 장소를 지칭하는 문장을 찾아 다음과 같이 적어보세요. 그 문장에 '식탁 위 찻잔'이라는 말이 나온다면 바로 그 위치에 다음 편지를 숨기면 됩니다.

> **예** 거실 책장 위에서 다섯째 칸, 오른쪽에서 열두 번째 책을 펴보세요. 23쪽 위에서 세 번째 줄 문장을 읽어보세요.

3. 드디어 마지막 편지를 찾았구나.

편지의 단계는 아이의 나이나 흥미도에 따라 조절하면 됩니다. 마지막 편지에는 아이에게 사랑을 전하는 글이나 칭찬, 고마움을 전하는 내용이면 충분합니다.

응용 및 확장 활동

★ 간단한 보물찾기 놀이에서 시작해서 마음을 전하는 편지, 부탁하는 글 등을 비밀편지 찾기 놀이로 활용해보세요. 이렇게 놀아본 아이는 직접 준비해서 엄마 아빠에게 비밀편지 놀이를 제안하기도 한답니다.

엄마 아빠를 위한 Tip

1. 흥미 유지가 중요하므로 너무 어렵지 않게 활용하시기 바랍니다.
2. 아이가 편지를 찾을 때마다 신나는 반응으로 분위기를 띄워주세요.
3. 마지막 편지를 읽고 행복한 마음이 들 수 있는 내용을 준비해주세요.
4. 마지막 편지에 아이의 고칠 점을 쓰고 싶은 마음이 들어도 참아주세요. 행복한 놀이로 끝나야 아이의 문제 행동이 줄고, 더 바람직한 행동을 많이 하게 된다는 걸 기억해주세요.

엄마놀이 30 - 말하는 대로 글쓰기

아이는 하루 종일 말을 하며 생활합니다. 아이가 하는 말 중에는 정말 적어놓고 기억하고 싶은 예쁜 말이 참 많습니다. 시간이 날 때마다 아이의 말을 한 문장씩 그대로 받아 써두시기 바랍니다. 아이는 자신의 말이 그대로 글이 된다는 사실이 신기하고 그 사실을 깨달으며 더 좋은 말, 부모님을 기쁘게 하는 말을 하고 싶어진답니다.

놀이방법

1. **아이가 하는 말 중 기억나는 문장을 종이카드나 포스트잇에 적어주세요.**

   "엄마, 제가 갖다 놓을게요."
   "제가 치울게요."
   "이따 숙제할게요."

2. **아이 말을 적은 카드에 날짜를 쓰고 이름을 적어주세요.**

3. **저녁에 잠자리에 들 때 아이 말을 적어둔 카드를 종이 한 장에 모두 붙여서 보여주세요.**

   아마 아이가 "엄마 이게 뭐야?" 하고 물을 거예요. 그럼 이렇게 말해주세요.
   "이건 오늘 네가 한 말 중에서 엄마가 듣기 좋았던 말을 모아둔 거야. 네가 한 말 그대로 적었어."

4. **진짜 제가 이런 말을 했어요?**

   "그럼, 네가 한 말 그대로 적었다니까. 한 글자도 바꾸지 않았어."

5. 모아서 아이의 어록으로 엮어주세요.

공책 한 권을 정해 날마다 붙여도 좋고, A4 용지를 엮어 책을 만들어 붙여나가도 좋습니다. 나중에 스프링 공책으로 만들어도 좋으니 한쪽 면 여백을 여유롭게 비워두시기 바랍니다.

응용 및 확장 활동

★ 친구가 한 말 중 마음에 드는 말을 듣고 적어두기, 만화 주인공이 한 말, 책에서 읽은 말 적어놓기 등 얼마든지 응용해서 활용하면 됩니다.

엄마 아빠를 위한 Tip

1. 아이들은 자기가 한 말을 잘 기억하지 못합니다. 아이 자신이 한 말이라는 걸 강조해주세요.
2. 아이의 말을 쓴 기록을 잘 보관해주세요. 소중하게 다루어지는 걸 보며 좋은 말의 중요성을 깨닫게 된답니다.
3. 기록으로 남겨지는 것의 중요성을 알게 된 아이는 은근히 엄마 아빠가 적어주길 바라며 의도적으로 다가와 말하기도 합니다. 그럴 땐 칭찬해주며 기꺼이 적어주세요.
4. 한 달 정도 모으면 꽤 많은 양이 됩니다. 책으로 만들거나 사진으로 찍어 마음 앨범 만들 때 꼭 활용하시기 바랍니다.

엄마놀이 31 - 책 만들기

종이를 엮어 표지를 만들면 책이 됩니다. 그냥 종이 한 장과 책의 차이는 참 큽니다. 책에 채울 내용은 아이 마음대로입니다. 공룡을 좋아하면 공룡 책을 만들고, 웃긴 유머를 좋아하면 유머집이 되지요. 공주를 좋아하면 세상의 공주를 그리고 그 성격을 써넣으면 됩니다. 자신이 만든 책을 가족에게 자랑하고 친구에게 보여주는 아이는 또 다른 생산적인 활동에도 쉽게 관심을 가지고 더 열심히 뭔가를 만들어내게 된답니다.

놀이방법

1. 책 만들기 하자. 너도 책을 만들 수 있단다.

아이가 좋아하는 주제로 시작하면 됩니다. 어렵게 생각하면 그동안 아이가 그린 종이들을 모아 표지 한 장 올려서 스테이플러로 찍고 표지 만들기만 진행해도 좋습니다. 색 테이프로 스테이플러 부분을 붙여주기만 해도 멋진 책이 완성됩니다.
"네가 좋아하는 자동차 백과사전을 만들어볼까?"

2. 종이 크기는 네 마음대로 해. 어떤 크기의 책을 만들고 싶니?

크기는 아이가 원하는 대로 해주세요. 종이 한 장을 그대로 사용하는 아이도 있고, 문구점에 파는 미니북처럼 작은 책을 원하는 아이도 있으니까요.

3. 종이를 이렇게 엮으면 책이 된단다.

"책은 몇 쪽짜리를 만들고 싶니?"

4. 이제 표지부터 만들어보자.

표지를 만들고 색연필과 사인펜으로 색칠하고 장식하면 무척 멋진 표지가 완성됩니다.
"제목은 뭐로 할까? 저자가 정해보세요."
"이제 표지 그림을 그려보자."
"저자 이름도 써넣으세요."

응용 및 확장 활동

★ 하나의 책이 완성되는 건 무척 의미 있는 일입니다. 아이가 완성하는 책을 멋지게 전시해주세요. 두세 권의 책이 완성되면 거실 장식장에 특별한 책꽂이를 준비하고 아이 책 전시 공간을 마련해줍니다. 더 멋진 책을 만들고 싶은 꿈, 작가의 꿈도 꾸게 된답니다.

엄마 아빠를 위한 Tip

1. 처음부터 멋진 책을 만들지는 못합니다. 아이가 쓰고 그리는 모든 과정을 지지하고 격려해주세요.
2. 두 장이라도 표지와 엮으면 책이 됩니다. 처음엔 두 장짜리 책부터 시작해도 좋습니다.
3. 책 모양을 응용해보세요. 나비를 좋아하면 책 모양을 커다란 나비로 만들고, 자동차를 좋아하면 자동차 모양으로 만들어보세요. 고정관념을 벗어나 다양한 글, 그림, 형식을 시도해보면 좋겠습니다.
4. 아이가 만든 책을 사진으로 찍거나 책을 넘기며 읽는 장면을 동영상으로 만들어 가족 친지에게 보내주세요. 아이의 노력에 대한 어른들의 칭찬은 아주 큰 힘이 됩니다.

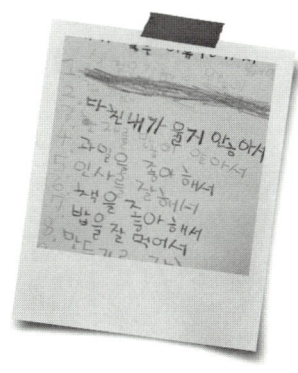

엄마놀이 32

지시하는 대로 그리기

지시하거나 설명하는 말을 제대로 알아듣는 능력은 아주 중요한 듣기 능력입니다. 생각보다 많은 아이가 제대로 듣기를 잘 못 하지요. 특히 산만하고 집중을 잘하지 못하는 아이일수록 잘 듣고 수행하는 능력이 떨어지는 경우가 많습니다. 지시하는 대로 그리기가 아주 좋은 듣기 훈련이 될 수 있어요. 게다가 똑같은 말을 듣고도 서로 생각이 달라 표현이 다를 수 있다는 것도 배우게 됩니다.

놀이방법

1. **엄마가 말하는 대로 그림 그리는 거야.**

    지시어를 제대로 잘 들으라고 강조한 다음 시작합니다.
    "엄마가 말하는 것만 그려야 해. 할 수 있겠어?"

2. **종이 가운데 네 얼굴만 한 동그라미를 그리세요.**

    '가운데', '얼굴만 한'이라는 말을 잘 듣고 이해하고 표현하는 과정입니다. 아이가 다시 질문하면 천천히 반복해서 말해주세요.

3. **동그라미의 가운데에 핸드폰만 한 네모(직사각형) 그리세요.**

   아이의 이해도에 따라 네모, 사각형 등의 용어를 들려주세요. 사각형이라는 말을 잘 모르는 아이라면 두 단어를 다 들려주는 것이 좋습니다.

4. **네모 위쪽에 붙여서 달걀 모양의 동그라미(타원)를 그리세요.
   그 안에 까만 동그라미를 그리세요.**

   이 정도 진행되면 아이는 자기가 그림을 제대로 그리고 있는지 걱정되기도 합니다. 둘 이상이 함께한다면 서로 그림을 보지 않게 가리고 재미있게 진행할 수 있지요.
   "잘 듣고 그리면 돼."
   "생각하는 대로 자신감 있게 그려."
   "틀려도 괜찮아."
   "어때! 노는 건데!"

5. **네모 아래 긴 수염을 그리세요. 많이?**

   '긴', '많이'라는 개념은 모두 주관적입니다. 아이가 어떻게 표현하든 괜찮다고 말해주세요.
   "자기 생각대로 그리면 돼."
   "다 그렸으면 다했다고 말해주세요."

6. **이제 끝! 그림을 펴보자.**

   엄마와 아이의 그림을 비교해보세요.
   "와, 서로 생각이 다를 수도 있구나."
   "넌 그렇게 생각했구나."
   "지시어대로 다시 그려볼까?"

응용 및 확장 활동

★ 지시어를 다양하게 사용할수록 좋습니다.
- 예) 큰 동그라미 한 개 종이 아래쪽에 그리세요. 그 위에 직사각형 하나 그리세요. 그 위에 큰 깃발을 그리세요. 깃발에 얼굴 표정을 그리세요.
- 예) 종이 가운데에 네모를 그리세요. 네모 아래 큰 동그라미 그리세요. 동그라미 양쪽에 긴 사각형을 하나씩 그리세요. 동그라미 아래쪽에도 긴 사각형 2개를 그려보세요.

★ 행동 지시어로 발전시키면 더 재미있습니다.
- 예) 오른손은 옆으로 왼손은 위로 들고 한 바퀴 도세요.
- 예) 오른쪽으로 고개 돌리고 왼쪽 다리 들고 오른손으로 동그라미 10번 그리세요.

★ 지시어를 사용할 때마다 종이카드에 기록해두어 반복 사용하세요

엄마 아빠를 위한 Tip

1. 듣기 집중력이 부족한 아이는 여러 번 질문을 반복할 수 있습니다. 아이가 잘 이해하도록 요구할 때마다 천천히 말해주세요. 질문을 계속하는 것을 칭찬해주세요.
2. 아이가 지시에 정확히 따르지 못해도 지적하지 말고 다시 해보도록 격려해주세요.
3. 그림을 완성한 후 자신의 그림이 엄마 아빠와 다르면 아이는 실망할 수 있습니다. 아이와 역할을 바꾸어 아이의 지시대로 엄마 아빠가 그림을 그려보세요. 서로 다르게 생각할 수 있음을 배우게 되니까요. 아이가 둘 이상이면 그림을 서로 보지 않도록 합니다.

역할극은 맡은 역할에 따라 아이가 사용하는 언어가 달라지므로 다양한 심리적 경험을 하게 됩니다. 머리로는 알지만 잘 깨닫지 못하는 경우가 너무 많습니다. 욕이 나쁘다는 걸 알면서도 쉽게 사용하던 아이가 욕 듣는 역할을 하고 나면 제대로 깨닫게 되지요. 다양한 역할을 통해 새로운 생각을 하게 되고, 자신감이 생기며, 문제 해결력도 크게 발전해갈 것입니다.

놀이방법

1. 우리 막대 가면 만들어볼까?

아이가 좋아하는 동물이나 캐릭터, 그림책 주인공이면 더 좋습니다. 보고 그릴 수 있는 대상이 있으면 쉽게 할 수 있습니다. 아이가 캐릭터를 정하면 엄마는 같은 이야기의 등장인물 중 하나를 선택해주세요.
"어떤 가면 만들고 싶어?"
"그림을 보고 종이에 가면 얼굴 그려보자."
"막대를 붙여서 만들 거니까 얼굴 크기는 마음대로 해도 돼."

2. 정성 들여 가면을 그리자.

가면을 그리면 그냥 그림을 그릴 때보다 더 정성 들여 그립니다. 시간이 오래 걸려도 아이가 충분히 표현하도록 기다려주세요.

3. 가면을 오리고 막대를 붙이자고요.

아이가 완성한 가면을 가위로 오리게 합니다. 스스로 오리는 게 좋지만 실수할까 봐 겁내는 아이라면 어려운 부분을 오릴 땐 도와주어도 좋습니다. 만드는 과정에서 도구에 대해 생각할 수 있도록 질문해주세요.
"막대는 무엇으로 하면 좋을까?"
"아이스크림 막대, 젓가락, 나무젓가락 중에서?"
"가면을 막대에 붙일 땐 뭐가 필요할까?"

4. 야, 완성이다. 이제 시작해볼까?

가면을 완성한 걸 축하합니다. 이제 역할극을 시작해보세요. 엄마가 설명하지 말고 바로 역할을 설정해서 연극하듯 대사를 말하면 됩니다.
"살려주세요. 저 좀 도와주세요."

5. 우리 가면 더 만들면 재미있겠다. 또 누굴 만들까?

둘이서만 역할극을 하다 보면 인물이 부족하다고 느껴집니다. 그럴 땐 좀 더 만들어보세요. 막대 가면은 여러 번 재사용할 수 있으니 시차를 두고 만들어도 좋습니다.
"가면 만들고 연극놀이 하니까 너무 재밌다. 해보니까 어때?"
"우리, 내일 다른 가면 더 만들어서 놀까?"

응용 및 확장 활동

★ 실제 인물 캐릭터를 사용하는 것도 좋습니다. 그림책이나 위인전, 신문의 인물을 골라 복사하거나 오려서 사용하면 됩니다.
★ 어떤 인물의 상황으로 역할극을 하다 보면 역할에 감정이입을 잘하게 되어 더 많이 배우고 깨닫습니다.

엄마 아빠를 위한 Tip

1. 가면 만들기를 한자리에서 완성하지 않아도 됩니다. 하다가 힘들면 나중에 다시 만들어도 되지요. 빨리 만들라고 다그치지 마시기 바랍니다.
2. 한 가지 캐릭터도 놀 때마다 성격을 다르게 제시해주면 더 재미있습니다. 용감한 호랑이를 부끄럼쟁이 호랑이로, 심술쟁이는 착한 아이로 설정해서 놀면 생각도 선택할 수 있다는 걸 배우게 됩니다.
3. 여러 번 거듭할수록 말을 표현하는 능력이 좋아집니다. 말을 우물거리고 작은 소리로 말하면 지적하기보다 "안 들려요. 크게 말해주세요"라며 역할극 안에서 표현하는 것이 더 좋습니다

5

나도 모르게 빠져드는 재미있는 수학놀이

종이 속에 숨은 즐거운 수학놀이

숫자를 싫어하는 아이는 없습니다. 그런데 무슨 연유에서인지 커갈수록 숫자와 수학을 싫어하게 됩니다. 신나게 '하나, 둘, 셋'을 세던 아이가 덧셈만 나오면 도망가는 아이가 되어버립니다. 혹시 우리 아이가 이런 증상을 보이기 시작했다면 수학에 어떤 방식으로 접근시키고 있는지 꼭 점검해보면 좋겠습니다.

수학은 참 재미있고 매력적입니다. 초등학교 때 수학에 재미를 붙인 아이는 중고등학교 때도 수학을 즐겨 하게 되지요. 어렵지만 재미있다고 말합니다. 반면 어려서부터 억지로 수학 공부를 하고 수학만 보면 진저리쳤던 아이는 커갈수록 '수학 포기자'가 되어 갑니다. 안타까운 일이 아닐 수 없습니다.

숫자를 좋아하던 아이가 그렇게 변해간 것은 분명 수학을 접하는 방법에 문제가 있었음이 틀림없습니다. 아이가 수학을 공부하는 방법에 따라 수학에 대한 선호도와 수학 성적에까지 영향을 준다는 말입니다. '부루마블'이나 '로보 77' 같은 보드게임을 즐겨 한 아이는 숫자 계산하기를 좋아합니다. 공부를 한 게 아니라 점수를 계산하며 놀았기 때문이지요.

우리 생활 속 어디에나 수학이 숨어 있습니다. 아이의 키와 몸무게도 숫자로 표시하고, 교실에서 키 순서에 맞춰 줄지어 서는 것도 수학적 방법이지요. 아이와 손잡고 걸을 때 가로수가 몇 그루인지 세고, 과자를 먹으며 수를 세고, 10개 가운데 2개를 동생에게 주고 나니 8개가 남으며, 똑같이 나누어주려면 5개씩 나누어야 한다는 걸 배우는 것도 수학입니다. 이렇게 생활과 놀이에서 숫자를 만나고 수세기를 하는 아이는 교과서에서 수학을 만나도 재미있기만 하지요.

수학을 싫어하게 된 아이들은 대부분 학습지로 수학 공부를 시작했습니다. 어쩌면 수학 공부는 학습지나 문제집으로 시작해야 한다는 부모의 잘못된 고정관념이 엉뚱한 결과를 가져온 건지도 모릅니다. 혹시 이런 방법뿐이라고 믿어왔다면 그 생각을 내려놓으면 좋겠습니다. 이제 좀 다르게 수학과 놀아봅시다.

하얀 종이 위에서 수학놀이를 시작해보세요. 숫자를 쓰고 순서대로 찾는 놀이부터, 지우개를 던져 점수 따먹기 계산을 하는 것도 재미있습니다. 계산하지 말라고 해도 자기 점수를 계산하려 하고, 하지 말라고 해도 남의 것까지 계산하려 합니다. 종이를 잘라 카드로 만들어 숫자를 쓰고, 10이 되는 짝을 찾는 카드놀이도 재미있습니다. 가짜 돈으로 하는 가게 놀이도 아이들이 무척 좋아합니다. 학습지는 한 문제도 풀기 싫어하는 아이가 스스로 즐기며 수학과 친구가 되지요.

물론 수학이 숫자로만 되어 있는 것은 아닙니다. 도형도 있고, 수열도 있습니다. 무게도 있고 길이도 있지요. 종이 위에서 다양하게 응용할 수 있습니다.

부담 없고 간단한 종이로 다양한 수학의 세계를 접하도록 이끌어주세요. 놀면 놀수록 수학의 재미에 빠져들게 될 겁니다. 종이 위에 펼쳐지는 수학 놀이로 수학의 즐거움을 아는 아이로 자라면 정말 좋겠습니다.

엄마놀이 34

숫자 10 만들기 빙고 게임

빙고는 학습에 응용하기 참 좋은 놀이입니다. '10이 되는 수식 만들기 빙고'로 놀아보세요. 빙고의 각 칸에 1+9, 2+8, 12-2 이런 식으로 써넣는 거예요. 덧셈으로 시작해서 뺄셈, 곱셈, 나눗셈으로 확장해보세요. 숫자를 활용할 수 있는 범위가 무한하다는 걸 깨달으며 점점 더 재미로 빠져들게 된답니다.

놀이방법

1. 빙고 놀이 할까? 이번엔 숫자로 해보자. 엄청 재밌을 거야.

처음엔 3×3, 4×4 징도로 시작해보세요.

2. 3+7은 10이지? 이렇게 10을 만드는 빙고야.

예 3×3 빙고

1 + 9	1 + 9	6 + 4
5 + 5	11 − 1	15 − 5
2 + 8	15 − 5	100 − 90

3. 덧셈도 좋고 뺄셈도 좋아. 쓰기 시작!

수식의 종류는 아이가 원하는 대로 하면 됩니다. 아직 더해서 10 만들기가 어렵다면 숫자 5 만들기도 좋습니다. 반대로 쉽다면 곱셈, 나눗셈으로 응용해주세요.

"10 만드는 게 너무 쉽다고? 과연 그럴까?"

"그럼 곱셈, 나눗셈만 사용하는 거야. 알았지?"

4. 이제 빙고 부르기 시작!

하나씩 맞출 때마다 즐겁고 유쾌하게 진행해주세요. 즐거움이 클수록 학습효과도 더 좋으니까요.

"와! 수식 정말 잘 만든다."

"1000-990은 생각지도 못했어. 어떻게 그런 걸 생각했어?"

5. 수학 빙고도 엄청 재밌지?

한판의 놀이가 끝나면 소감을 즐겁게 나누면서 아이가 수학에 대해 긍정적 마인드가 생기도록 이끌어주세요.

"엄마도 이렇게 수학놀이 했으면 수학박사 됐겠다."

응용 및 확장 활동

★ 아이 수준에 따라 사칙연산뿐 아니라 분수나 소수를 활용하면 됩니다.
★ 순서가 거꾸로 된 것도 '인정하기' 등의 규칙을 제안해서 아이 수준에 맞게 응용하시기 바랍니다.
★ 식을 틀리게 쓸 경우 지적하기보다 놀이를 진행하면서 규칙을 정해주세요. "식이 틀린 경우엔 어떻게 할까? 한 번 쉬기!" 등의 규칙이 바람직하겠죠?

엄마 아빠를 위한 Tip

1. 또 하자고 제안하는 아이의 요구를 잘 들어주시기 바랍니다.
2. 가족들이 모여 앉아 함께할수록 더 재미있습니다.
3. 학습지 몇 장 푸는 것보다 더 많은 양의 공부를 하고 있다는 게 믿어지나요?
4. "놀이가 끝났으니 공부해"라는 말보다 "수학놀이 엄청 했으니 쉬어도 좋겠다"는 말이 아이의 학습 동기를 더 자극해준답니다.

엄마놀이 35 - 미니 사방치기

사방치기를 경험한 아이는 이 놀이를 경험하지 않은 아이들과 비교해 수학 개념이 향상되었다는 연구결과가 있습니다. 위, 아래, 왼쪽, 오른쪽, 안과 밖의 공간개념을 자연스럽게 습득하고 돌을 던지는 자세, 위치, 방향, 힘의 세기 등 자신의 행동에 대한 결과가 바로 나타남으로써 자신감이 생깁니다. 이런 자신감이 수학에 대한 긍정적 태도를 형성하는 데 큰 도움이 된다는 말이지요. 종이 위에서 하는 미니 사방치기를 통해 전래놀이의 효과를 만끽해보세요.

놀이방법

1. 엄마 어릴 적에 사방치기라는 놀이가 있었어.

종이 위에 사방치기 그림을 그립니다.
"잘 봐. 이렇게 그리는 거야."
"먼저 선을 잘 그어서 모양을 만들어."
"다음엔 각 칸에 숫자를 써넣으면 돼."
"종이가 움직이면 불편하니까 스카치테이프로 바닥에 붙이자."

2. 지우개를 손가락으로 튕겨서 한 칸씩 앞으로 가는 거야.

알까기를 해본 적이 있으면 쉽게 이해합니다. 손가락 힘을 조절하기가 쉽지 않지만 격려해주면 재미있게 잘할 수 있습니다. 지우개가 잘 안 되면 동전이나 바둑알로 하면 좋습니다.
"한 번 쳐서 다음 칸으로 가지 못하거나 다른 데로 튀면 다음 사람이 하는 거야."

3. 조심조심 잘 치세요.

아이가 잘 못 하면 한 번에 두 번의 기회를 주는 것도 좋은 방법이지요.
"넌 어리니까 자기 차례에 두 번 하는 거로 할까?"

4. **야! 하늘에 도착했다. 만세!**
   처음 놀이에선 가능하면 아이가 먼저 하늘에 도착해서 기쁨을 맛보도록 도와주세요.
   "돌아올 땐 손가락으로 한 칸씩 콩콩콩 뛰어나오기로 하자."

5. **한번 다녀왔으니 이제 2번 칸부터 시작하는 거야.**
   놀이를 끝까지 잘 완성할 수 있도록 엄마가 승패를 조절하는 것이 좋습니다.

응용 및 확장 활동

★ 사방치기 칸의 모양을 아이가 창의적으로 그려보게 해주세요. 환경이 허락된다면 크게 그려 발로 뛰며 하는 것이 더 재미있습니다.

★ 윷놀이도 사방치기처럼 다양한 수학적 개념을 배울 수 있는 훌륭한 전래놀이입니다. 전체와 부분의 개념을 경험하고, 순서와 시간개념도 배우게 되지요. 꼭 종이놀이가 아니더라도 다양한 전래놀이를 종종 경험해보세요.

엄마 아빠를 위한 Tip

1. 아이가 익숙하게 할 때까지 흥미를 유지할 수 있도록 도와주세요.
2. 엄마 아빠의 어릴 적 놀이에 관해 들려주세요. 아이는 사랑하는 엄마 아빠의 어릴 적 이야기 듣기를 무척 좋아하니까요.
3. 망치기, 팔방치기, 시차기 등 지역에 따라 다른 이름이 있다는 것도 알려주세요.
4. 사방치기는 돌과 공터만 있으면 되기에 누구나 쉽게 할 수 있는 놀이입니다. 그 때문에 영국, 독일, 숭국, 러시아 등 다른 니라에서도 비슷한 놀이를 한다는 것을 알려주세요.

엄마놀이 36

주사위 3개로 숫자 1~18 만들기

종이와 주사위만 있으면 얼마든지 다양한 숫자놀이가 가능해집니다. 기본적인 사칙연산은 물론이고 그걸 응용하여 문제를 해결하는 능력까지 발전하게 되지요. 종이에 1~18의 숫자를 써놓고 주사위 2개를 굴려 나오는 숫자를 계산하여 만든 숫자는 ○표시로 지워갑니다. 누가 먼저 다 완성하는지 경주하는 것만으로도 흥미가 높아집니다. 계속 같은 답이 나올 수 있으니 반복 또 반복하게 되지요. 더 중요한 건 아이가 재미있어한다는 사실입니다. 2개로는 너무 쉬우니 난이도를 높여 3개로 놀아볼게요.

놀이방법

1. 종이와 주사위로 재미있는 놀이를 시작해볼까?

시작할 때 흥미를 북돋워 주는 말이 좋습니다. 혹시 아이가 싫다고 해도 엄마 혼자 시작해보세요. 어느새 다가와 자기가 주사위를 굴리겠다고 한답니다.

2. 이렇게 3×6 칸을 그어 1부터 18까지 써넣을 거야.

엄마 걸 보고 따라 그리게 해주세요. 처음엔 종이 한 장에 1~18을 써놓고 함께 협동해서 문제를 풀어가는 것도 좋은 방법입니다.

1	2	3	4	5	6
7	8	9	10	11	12
13	14	15	16	17	18

3. 이제 주사위 3개를 굴려 덧셈 뺄셈 곱셈 나눗셈을 이용해서
   이 숫자를 만들고 동그라미 칠 거야. 시작!

   2 4 6 이 나왔으니 모두 합해서 12에 동그라미.
   1 5 6 모두 더하니 12. 어? 12는 벌써 했으니까 이번엔 5+6-1=10. 10에 동그라미.

4. 18을 만들려면 모두 6이 나와야 하는데 어렵겠지?
   그럼 곱셈 작전을 써야겠군.

   계산이 막힐 때, 곱셈을 쓰라고 지시하기보다 엄마가 시범을 보여주면 됩니다. 아이는 엄마의 작전을 금방 따라 한답니다.

응용 및 확장 활동

★ 아이 수준보다 살짝 높여서 새로운 계산 방법을 말로 설명해주세요. 덧셈 뺄셈만 가능한 아이에겐 곱셈을, 사칙연산이 가능한 아이에겐 제곱이나 루트 개념을 설명해주면 좋습니다.

★ 어려운 것 같지만 사실 기호는 약속이고 만국 공통어입니다. 덧셈의 약속처럼 제곱의 약속을 알려주기만 하면 쉽게 응용하게 되지요. 아이는 새로운 걸 배우게 되었다는 사실에 또 뿌듯해 합니다.

엄마 아빠를 위한 Tip

1. 계산한 방법을 서로 말로 설명하는 것이 좋습니다. 그래야 아이가 다양한 계산 방법을 더 잘 배우게 되지요.
2. 동그라미 친 숫자가 많아질수록 주사위를 굴려 답을 찾지 못하는 경우가 생깁니다. 그럴 땐 패스하고 다음 사람이 시도하세요.
3. 아이는 계산이 가능한 경우에도 놓칠 수가 있습니다. 그럴 땐 힌트를 알려주세요. 주사위 위치만 옮겨주어도 쉽게 다른 계산 방법을 알아차리게 됩니다.
4. 시작할 땐 부담스럽지만 한번 시작하면 재미에 빠져들게 됩니다. 특히 시작할 때 흥미를 유지할 수 있도록 유쾌하고 밝은 분위기를 만들어주세요.

엄마놀이 37 - 가게 놀이, 경매 놀이

유아라면 가게 놀이를 해보세요. 돈은 아이가 매우 자주 접하는 수학적 환경입니다. 돈은 아이들이 수세기를 잘 배울 수 있는 아주 좋은 도구가 되지요. 가짜 돈을 만들어 가게 놀이를 통해 사회성도 키우고 수학놀이도 해보세요. 일석이조의 아주 좋은 놀이가 된답니다. 손님 역할, 주인 역할 등 각각의 역할 연습을 통해 수학 능력도 높일 수 있고 사회적 상호작용을 경험하게 되지요. 가게 놀이에 익숙해지면 경매 놀이로 수준을 높여주세요. 경매 품목에 따라 흥미진진한 놀이가 펼쳐집니다.

놀이방법

1. **종이를 이용해서 돈을 만들어보자!**

   아이와 함께 종이를 사용하여 금액별로 모양을 나누어서 돈을 만들어줍니다.

   "지폐는 네모 모양으로 만들고, 동전은 동그란 모양으로 만들어보자."

2. **각자 가게에서 팔고 싶은 물건을 가져와 보렴.**

   엄마 아빠와 아이 모두 각자 가지고 있는 물건 중 팔고 싶은 물건을 가져오게 합니다. 놀이를 시작하기 전, 가게 놀이는 놀이이므로 원래 주인에게 돌려주기로 미리 약속하는 것이 좋습니다.

   "놀이에서 사고판 물건은 놀이가 끝난 후에는 꼭 다시 원래 주인한테 돌려주기로 약속하자."

3. **그럼 지금부터 가게 놀이 시작!**

   한 사람이 가질 액수를 아이와 의논하여 정하고 각자 나누어 가집니다. 시간을 정하여 사는 역할과 파는 역할을 돌아가면서 합니다. 물건을 사고팔 때 아이에게 물건의 가치를 측

정하는 척도를 알려주세요.

"이번엔 네가 가게 주인이고 엄마가 손님 할게."

"안녕하세요? 이 머리띠는 얼마예요? 1,000원이요? 너무 비싸요. 깎아주세요."

"이제 바꾸어서 하자. 엄마가 주인이고 네가 손님이야."

"손님, 그렇게 깎으시면 제가 남는 게 없어요. 딱 100원 깎아드릴게요."

서로 가격에 대해 의견이 맞지 않으면 두 사람이 모두 만족하는 수준으로 맞추기 위해 기분 좋게 협상해주세요.

4. 이제 경매 놀이로 바꿔볼까?

가게 놀이가 익숙해지면 경매 놀이로 업그레이드해보세요. 정해진 금액으로 자신에게 소중한 것을 얻기 위해 얼마나 지불할 것인지, 돈을 어떻게 배분해서 사용할 것인지 신중하게 생각하게 되니까요. 서로의 마음을 알 수 있어 더 흥미로워진답니다.

응용 및 확장 활동

★ 가치관 경매 놀이 방법

공부 잘하기	친구들과 재미있게 놀기
숙제 잘하기, 운동 잘하기	배려 잘하기, 노래 잘하기
악기 연주하기, 미술 잘하기	자신감 있기, 발표 잘하기

1. 가치관 10가지를 종이카드에 하나씩 써서 나열해둡니다.
2. 각자 1,000원짜리 10장을 나누어 가집니다. 한 가지 품목을 내놓고 서로 얼마에 사 갈지 금액을 부릅니다. 자신이 가진 총액은 만 원이니 무엇을 어느 정도의 가격으로 구입할지 생각하며 진행하도록 합니다.
3. 아이가 1,000원에 사려는 걸 엄마가 2,000원에 사 가면 기회를 잃어버리지요. 그 순간 더 투자해서 살지 말지를 고민하면서 자신에게 소중한 것이 무엇인지 깨닫게 된답니다.

엄마 아빠를 위한 Tip

1. 비록 종이돈이라도 실제 돈처럼 소중히 다루도록 이끌어주세요.
2. 놀이를 한 다음, 물건의 소유권에 대한 다툼이 일어날 수 있으니 놀이 중에만 사고 파는 것이고 끝나면 원래 주인에게 돌려주는 규칙을 강조해서 말해주세요.
3. 최대한 아이가 주도해서 가격을 정하거나 사고팔 수 있도록 하고 가격이 너무 싸 거나 비쌀 때 적정 가격을 살짝 알려주어도 좋습니다.
4. 혹시 아이가 진짜 거래를 원한다면 벼룩시장처럼 아이의 용돈을 활용해 진짜 사고 파는 활동으로 확장해주는 것이 좋습니다.
5. 가치관 경매에서 엄마 아빠가 원치 않는 품목에 아이가 많이 투자해도 잔소리하지 마시기 바랍니다. 왜 그게 중요한지 이야기를 나누어보세요. 아이의 마음을 이해하 게 되고 더 좋은 방법을 찾아갈 수 있습니다.

엄마놀이 38
숫자 칸 만들어 점수 따기

종이에 줄만 그으면 칸이 됩니다. 그 칸에 다양한 숫자를 써넣어주세요. 기호를 응용해도 좋습니다. 지우개나 작은 인형을 던져 칸에 들어가면 점수를 따는 놀이입니다. 따로 종이 한 장을 두고 점수를 써나가면 되지요. 기호나 꽝을 넣으면 더 재미있는 놀이가 됩니다. 숫자를 외치고 점수를 계산하며 수학 능력도 좋아질 뿐 아니라, 몸을 사용하니 신체 조절력도 좋아지고 사회성에도 도움이 됩니다.

놀이방법

1. 종이에 칸을 그어 점수 따기를 해볼까?

종이에 가로세로 4×4, 4×6 정도의 칸을 그어줍니다. 자를 사용해도 좋고 손으로 그어도 좋습니다.
"이렇게 줄을 그으면 돼."

2. 이제 칸에다 숫자를 써넣자.

각 칸에 자유롭게 숫자를 써넣습니다. 아이의 수학 실력에 따라 수의 단위를 결정합니다. 유아라면 한 자릿수, 초등 저학년은 두 자릿수 정도면 좋습니다. 가끔 −3, ×2 등 함정과 보너스를 넣으면 더 재미있어요. 아이가 말하는 숫자를 먼저 써주세요.
"네가 좋아하는 숫자 불러줘."
"어느 칸에 쓸까?"
"네가 직접 쓸래?"
"보너스 칸, 함정 칸, 꽝, 한판 쉬기 이런 건 어때?"

3. 지우개로 던져서 점수 따기 놀이야.

적당히 떨어진 거리에 던지는 자리를 정하고 순서대로 던집니다. 점수를 딸 때마다 다른 종이에 점수를 적습니다. 지우개가 없으면 동전, 단추, 작은 블록이나 종이를 접어 활용해도 됩니다.

"어디서 던지기로 할까?"

"심판은 누가 하지? 심판이 점수판 적는 거야."

"어린 사람 먼저 하세요."

"몇 번씩 던지기로 할까?"

4. 점수 계산해볼까?

정해진 게임이 끝나면 점수를 계산합니다. 승패보다 천천히 즐기면서 하도록 분위기를 잘 이끌어주세요.

"자, 천천히 점수를 계산해보자고."

"어? 우리 ○○가 이겼네."

"축하해."

5. 우리 좀 더 큰 숫자로 해볼까?

아이가 놀이에 흥미를 느끼면 숫자를 크게 해도 좋습니다. 새로 숫자판을 만들면서 아이가 주도적으로 할 수 있도록 도와주세요.

"네가 숫자판 만들어줘."

"-3 같은 함정 있으니까 재밌다. 그치?"

응용 및 확장 활동

★ 각 칸에 아이가 좋아하는 낱말을 쓰게 해도 재미있습니다. 낱말 5개가 모이면 문장이나 이야기 만들기 놀이를 해도 언어 표현에 도움이 됩니다.

★ 심부름하기, 안아주기, 뽀뽀하기, 업어주기, 코끼리코 10바퀴 등 행동 목록을 넣어 하나씩 나올 때마다 실행하기로 진행하면 더 재미있습니다.

엄마 아빠를 위한 Tip

1. 학습력 증진을 위한 놀이에서는 아이의 흥미를 유지하는 게 가장 중요합니다. 수학을 가르치려는 욕심을 앞세우지 마시기 바랍니다.
2. 아이가 주도적으로 정하고 진행하도록 도와주세요. 천, 만, 100만 등 너무 큰 숫자를 써넣어도 그대로 진행하면 더 재미있습니다. 숫자판을 다시 만들 때 아이가 조절하게 된답니다.
3. 엄마 아빠는 좀 더 멀리서 던지거나 왼손으로 던져서 아이가 공평하다고 느끼도록 해주세요.
4. 가족이 다 같이하면 더 재미있습니다. 친구들이 놀러 오면 시작할 때만 도와주어도 알아서 잘 놉니다.

엄마놀이 39 — 과녁 만들어 점수 따기

비슷한 놀이도 형식을 다르게 해서 놀면 더 재미있습니다. 똑같지만 다른 형식을 통해 창의적 사고를 키울 수 있지요. 이번엔 과녁처럼 만들어보세요. 좀 더 힘 있게 던질 수 있으니 아이들이 더 좋아하는 놀이입니다. 너무 흥분하면 오히려 맞추기가 어려워지니 감정을 조절하고 에너지를 집중하는 훈련을 하기에도 무척 효과적입니다.

놀이방법

1. 이번엔 과녁판을 만들어보자.

종이에 양궁 과녁핀을 만듭니다. 작은 동그라미부터 시작해 차례로 큰 동그라미를 그려요. 손으로 그려도 되고, 컴퍼스를 사용해도 좋아요. 긴 종이에 구멍을 뚫어 컴퍼스로 사용하면 더 재미있습니다.

"과녁판을 만들어볼까?"
"컴퍼스가 없으니 동그라미를 어떻게 그리지?"
"종이로 컴퍼스 만들 줄 알아? 엄마가 보여줄게."
"각 칸에 점수도 정하자."

2. 벽에다 과녁판을 붙이자.

아이 눈높이에 맞게 과녁판을 붙이고 던질 재료를 결정합니다.

"근데 던지는 건 뭐로 하지?"
"찰흙이나 컬러믹스로 하면 좋은데 그게 없네."
"작은 종이 공을 만들어서 살짝 물을 묻혀 던져보자."
"종이 공이 몇 개가 필요할까?"

3. 종이 양궁놀이 시작!

던지는 거리를 정하고 놀이를 시작합니다. 점수판을 만들어 점수를 적습니다.
"종이 공 던지기 시작!"
"어, 종이 공이 잠깐 붙어 있다 떨어지네."
"과녁판 아래에 신문지 깔고 하면 더 좋겠다."

4. 과녁으로 하니 더 재밌구나!

바닥에 던지기와 과녁 맞히기는 비슷한 놀이지만 아이가 더 신이 납니다. 아이가 잘한 점을 칭찬해주세요.
"과녁 맞히는 솜씨가 정말 좋다."
"눈빛이 올림픽 선수 같아."
"우리 ○○이 양궁선수 해도 되겠다. 잘하네!"

5. 이제 종이 공 치우기 시작!

떨어진 종이 공 치우기가 번거롭지만 아이와 치우기 놀이로 진행하면 됩니다.
"누가 몇 개를 치울까요? 치우기 시작!"

응용 및 확장 활동

★ 놀다 남은 찰흙이나 컬러믹스를 활용하면 과녁에 잘 붙어 있어 더 재미있게 느껴집니다.

★ 과녁에 색칠하여 진짜 과녁판과 똑같이 만들면 더 실감 납니다.

★ 던지기가 익숙해지면 눈 감고 던지기 놀이로 응용해보세요.

엄마 아빠를 위한 Tip

1. 엄마보다 점수가 나빠서 속상한 아이라면 던지는 거리를 조절하거나 손을 바꿔 던집니다.
2. 과녁 주변의 벽이 지저분해질까 걱정된다면 벽에도 신문지를 크게 붙이고 그 위에 과녁판을 붙여주세요.
3. 아이가 던질 때 집중하는 모습을 사진으로 찍어 출력해서 마음 앨범에 붙여주세요. 자신이 집중하는 모습을 사진으로 보면 더 의욕이 생긴답니다.

엄마놀이 40 — 점 찍어 삼각형 만들기

종이에 적당한 간격으로 점을 찍습니다. 이제 자기 차례에 점과 점을 이은 선을 하나 그을 수 있어요. 삼각형을 만들면 자기 땅이 됩니다. 그 땅에 자신만의 기호를 표시합니다. 끝까지 하고 난 뒤 누구 땅이 더 많은지 세어보세요. 처음엔 선만 긋는 지루함을 견뎌야 하고, 자신이 그은 선을 상대가 이용해 땅을 만드는 걸 보며 억울해하기도 합니다. 이 과정을 통해 점점 놀이에 몰입하며 도형과 공간에 대한 감각을 키웁니다. 깔깔거리는 웃음소리는 없지만 인지적 재미를 느끼게 하는 매력적인 놀이입니다.

놀이방법

1. 종이에 점을 찍을 거야. 하나씩 잘 찍자.

엄마가 먼저 점 찍는 시범을 보입니다. 빨리 찍으려고 하면 너무 촘촘해지거나 점 모양이 흐려질 수 있으니 천천히 정확하게 찍도록 도와주세요.
"꼭꼭 찍어주세요. 거리가 좀 있는 게 더 좋아요."
"천천히 하나씩 여기저기에."

2. 차례가 되면 점과 점을 하나 이어 삼각형을 만드는 거야.

점을 이어가다 기회가 생기면 삼각형을 만들고 자신이 선택한 기호를 써넣습니다.
"넌 어떤 기호로 할래?"
"엄마는 동그라미. ○○이는 별?"

3. 어? 이쪽에 삼각형을 그을 수 있네.

아직 도형에 대한 감각이 부족한 아이는 기회를 빨리 찾지 못하니 가르쳐주면서 진행하세요. 선이 너무 삐뚤어지면 헷갈릴 수 있으니 작은 자를 사용하는 것도 좋습니다.

"이 점과 이 점을 이으면 삼각형이 되잖아. 그어줘 봐."
"이렇게 자를 대고 그리면 삼각형이 정확해서 알아보기가 쉬워."

4. 어? 삼각형 그릴 데가 없네. 엄마가 한 번 선심 써야지.

약간 인내심이 필요한 놀이이므로 서로 이기려고만 하면 아이가 지칠 수도 있습니다. 이럴 땐 여러 개의 삼각형을 만들 수 있는 선을 이어 흥미를 유발해주세요.

"이 점과 이 점을 이으면 여러 개를 만들 수 있어."
"네가 하나 만들고 다음에 엄마, 또 네가 하나 더 만들 수 있어."

5. 삼각형을 이어가니 도형이 무슨 모양이 되는 것 같니?

삼각형을 만들어가는 중간에 만들어진 삼각형을 보면 동물 모양이나 별자리 모양처럼 느껴지기도 합니다. 아이와 충분히 상상하며 이야기를 나누어보세요.

"와! 북두칠성 같은 모양이야."
"기사의 칼 같네?"

6. 끝까지 하기 힘든 놀이인데 잘하는구나.

"삼각형이 잘 안 보일 때 어떤 느낌이 들었어?"
"어떤 점이 힘들었어?"
"그런데도 참고 잘했구나."
"이런 놀이를 잘하면 너에게 어떤 도움이 될까?"

응용 및 확장 활동

★ 사각형 그리기, 오각형 그리기로 규칙을 바꾸어 진행해보세요. 점을 이어 글자 쓰기 등으로 활용해도 좋습니다.
★ 그리는 도중에 점을 찍어 넣는 건 반칙이라는 규칙을 설정하는 게 더 좋습니다.

엄마 아빠를 위한 Tip

1. 놀이 도중 몰래 점을 찍는 아이도 있습니다. 반칙은 절대 금지라는 걸 알려주세요.
2. 삼각형을 만들 기회가 없는 게 아니라 잘 찾지 못하는 경우가 많습니다. 오른쪽, 위쪽, 종이 아래쪽, 이런 식으로 어디쯤 있다고 알려주어서 찾을 수 있게 도와주세요.
3. 엄마 아빠가 먼저 선심 써서 기회를 주면 아이에게도 선심 써달라고 부탁해봅니다. 서로 협동하는 놀이가 더 재미있다는 걸 깨닫도록 도와주세요.

엄마놀이 41
보드게임판 만들기

보드게임은 아이들 모두가 좋아하는 놀이입니다. 그런데 직접 만들어서 사용할 수 있다는 걸 미처 생각하지 못하지요. 좀 허술해 보일 수 있지만 아이가 자신의 아이디어로 만드는 보드게임은 더 재미있고, 조금씩 고쳐가며 완성도를 높여갈 수 있습니다. 계속해서 주사위를 굴리고 숫자를 세는 동안 수학과 아주 친한 아이로 성장하게 됩니다. 참, 주사위 종류를 다양하게 하면 더 재미있습니다. 4면, 8면, 10면, 12면, 20면 등 다면체 주사위를 검색해보세요.

놀이방법

1. **우리가 직접 보드게임판을 만들어보자.**

   "뱀주사위 놀이나 부루마블처럼 만들어볼까?"
   "직접 게임을 만드는 게 더 훌륭하지."

2. **선을 그어서 칸을 만들면 자꾸 아이디어가 떠오를 거야.**

   처음부터 완성된 그림을 생각하고 만들려고 하면 어렵습니다. 우선 두 선을 길게 긋고 숫자 칸을 만들기 시작하면 아이디어는 떠오르게 됩니다. 아이가 쉽게 시작할 수 있게 도와주세요.

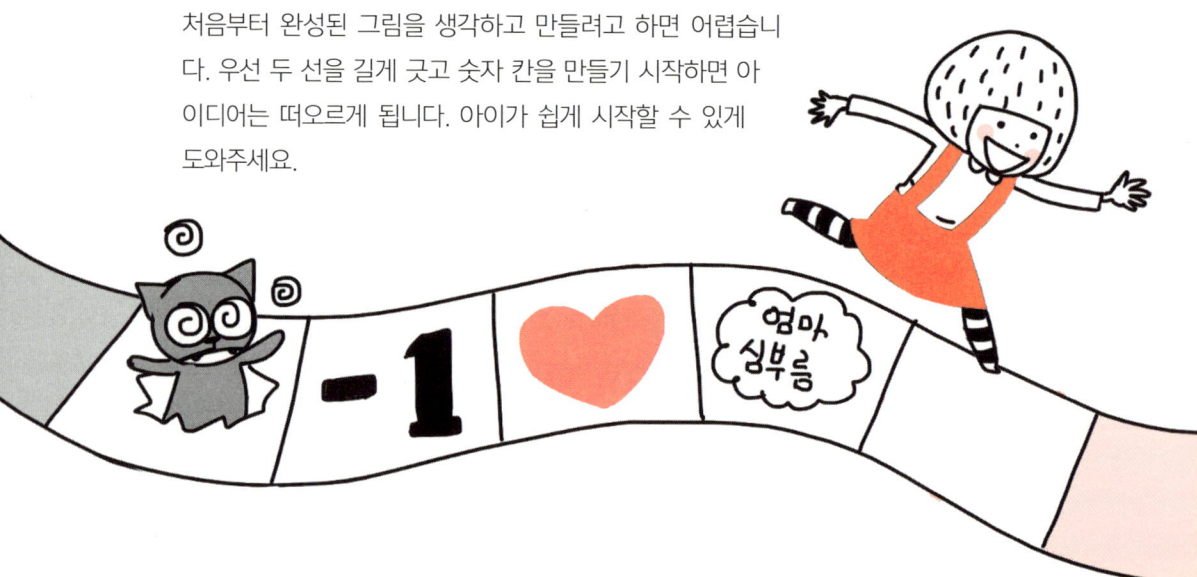

"시작이 반이라고 했어. 정말이야. 일단 시작하면 쉽게 만들 수 있어."
"우선 선을 그어서 1부터 칸을 만들어보자."

3. 어떤 게임판이 생각나니? 어떤 놀이나 함정을 만들고 싶어?

다른 보드게임판을 갖다 놓고 모방하면서 시작해도 좋습니다. 뱀주사위 놀이처럼 간단한 주사위 놀이가 시작하기에 수월합니다.

"뭐든지 처음 할 땐 모방하면서 시작하는 거야."
"두세 번만 해보면 자기 생각대로 만들 수 있게 된단다."
"하다가 아이디어가 떠오르면 바꾸면 돼."
"두 칸 앞으로, 한 칸 뒤로, 한판 쉬기. 어떤 거 넣고 싶어?"

4. 점점 재미있게 만드는구나 멋지다.

아이가 게임판을 만들기 시작하면 지켜보다 계속 칭찬과 격려를 해주세요. 점점 더 멋진 아이디어를 적용하여 게임판을 완성한답니다.

5. 이제 설명해줘.

아이가 게임판을 완성하면 시작하기 전에 설명해달라고 하세요. 궁금하거나 이해되지 않는 부분이 있으면 질문해서 보완할 수 있도록 도와주세요.
"이건 어떻게 하는 거야?"

"하다가 막히면 어디로 가야 하는 거야?"
"이 표시는 무슨 표시니?"

6. 네가 만든 게임을 하니 정말 재밌다!

아이가 만든 보드게임을 한판 하고 나면 무조건 칭찬부터 해주세요. 고치는 건 다음입니다. 뭔가를 만들어낸 아이는 뿌듯한 성취감을 얻게 됩니다. 다음엔 더 잘 만들고 싶은 의욕이 솟구친답니다.

"어떻게 이런 아이디어를 냈어?"
"넌 게임해보니 어때?"
"혹시 고치고 싶은 부분 있어?"
"우리 한판 더 하자!"

응용 및 확장 활동

★ 아이가 만든 게임판을 복사해서 여러 장을 만들어주세요. 갖고 다니며 친구와도 놀 수 있을 겁니다. 원본은 코팅해서 반복해서 사용할 수 있게 해주세요. 뒷면에 연월일을 꼭 쓰고요.

★ 다른 보드게임판을 계속 만들도록 격려하여 '제작자 ○○○의 보드게임 시리즈'를 만들어보세요. 놀이 앨범에 모아두면 큰 성취감을 얻게 됩니다.

엄마 아빠를 위한 Tip

1. 보드게임의 규칙을 만드는 일은 실수가 많습니다. 지적하지 말고 아이가 게임을 진행하며 스스로 고쳐가게 도와주세요.
2. "이럴 땐 어떻게 하는 거야?"라고 질문해서 아이가 방법을 생각해서 말하도록 도와주세요.
3. 종이에 그린 게임판이라 그림이 어설퍼 보이지만 아이가 정성을 다한 작품입니다. 무조건 감탄하며 칭찬해주세요.
4. 온 가족이 모두 모여 게임을 해보세요. 더 큰 성취감을 맛보게 됩니다.

무작위로 배치된 숫자를 순서대로 찾기만 해도 시각 집중력이 좋아진다는 사실 아시나요? 숫자의 크기도 다르게 하면 생각보다 찾기가 쉽지 않지요. 친구들이 놀러 오면 함께하기에 무척 재미있는 놀이입니다. 여기저기 흩어져 있는 숫자를 찾는 관찰력도 좋아지고, 아까 본 숫자는 기억하는 전략도 발달하게 됩니다. 즉석에서 직접 만들어 사용할 수도 있으니 언제 어디서나 즐겁게 놀 수 있는 효과적인 놀이입니다. 스스로 놀이 도구를 만들 줄 아는 능동적인 존재감이 아이의 자존감과 자신감을 높여줍니다.

놀이방법

1. 순서대로 숫자 찾기 게임이야.

"먼저 1에서 30까지 소리 내며 종이 위에 써야 해."
"위치와 글자 크기는 마음대로 해."
"엄마랑 소리 맞춰 시작!"
"1, 2, 3, 4… 30."

2. 이제 순서대로 숫자를 찾아서 체크하자. 준비 시작!

1부터 차례대로 찾는 시범을 엄마가 먼저 보여주세요. 그런 다음 아이가 찾도록 합니다. 스톱워치로 시간을 재면 더 의욕적으로 수행하는 경우가 많습니다.

3. 차근차근 순서대로 잘하고 있어.

어느 한 숫자에서 막혀 한참 동안 못 찾기도 합니다. 그럴 땐 마음을 진정할 수 있게 도와주세요.

4. 이번엔 1분 30초! 다음엔 어떤 기록이 나올지 궁금하네.
다 찾으면 시간을 재고 기록을 남겨주세요.

5. 해보니 어때? 별거 아닌데 은근히 재미있지?
아이는 기록이 마음이 들지 않으면 더 하겠다고 합니다. 두세 번 더 시도하고 쉬도록 해주세요. 자기도 모르는 새 무척 신경을 많이 쓰게 되니까요.

응용 및 확장 활동

★ 1~30, 1~50, 더 잘하게 되면 1~100까지 숫자를 늘려가며 놀아보세요. 컴퓨터로 표를 만들어 작성해두면 여러 번 출력해서 사용할 수 있으니 효과적입니다.

예) 1~50 순서대로 찾기

27	32	6	21	11	40	19	36	13	12
26	48	17	24	16	43	33	49	18	42
44	10	31	4	28	41	2	37	5	23
35	1	22	38	34	39	29	20	45	14
46	25	47	3	7	30	9	15	50	8

엄마 아빠를 위한 Tip

1. 찾고자 하는 목표를 정확하고 빠르게 찾는 것이 중요합니다. 정확한 것이 먼저이고 그다음이 빠르기라는 것을 말해주세요. 무조건 빨리 하려다 보면 집중하지 못해 숫자를 빼먹거나 오히려 시간이 더 많이 걸리게 되니까요.

2. 이 활동은 아이들이 직접 제작해서 진행하면 더 좋습니다. 종이에 1~30까지의 숫자를 여기저기에 순서대로 씁니다. 엄마와 아이가 바꾸어 찾는 놀이로 진행하면 됩니다. 몇 번 하다 보면 책략도 생기고 집중도 더 잘하게 됩니다.

3. 가나다라 혹은 ABCD, 속담 문장 등을 응용해서 한다면 더 다양하게 배우며 즐길 수 있습니다.

엄마놀이 43 - 규칙 찾기 놀이

| 1 | 2 | 3 | 1 | 2 |

이렇게 나열된 숫자가 있습니다. 마지막 칸에 나올 숫자는 무엇일까요? 숫자가 나열된 순서에 규칙이 있어서 쉽게 짐작할 수 있습니다. 수학이 사칙연산만으로 이루어져 있는 건 아니지요. 논리적 사고력을 바탕으로 사물 속에 숨겨진 수학적 규칙을 알아차리는 능력 또한 중요합니다. 숫자 속에 숨은 규칙을 찾는 것뿐 아니라 스스로 규칙 만들기 놀이를 해보세요. 사고력과 논리력이 함께 쑥쑥 자라겠지요?

놀이방법

**1. 종이를 잘라서 카드 32장을 만들자.
숫자 1부터 8까지 모두 4장씩 만들 거야.**

2. 엄마가 퀴즈를 낼게. 빈칸에 들어갈 숫자는 뭘까요?

엄마 아빠가 먼저 시범을 보여주세요. 숫자카드를 일정한 규칙으로 나열하고 빈칸과 마지막 칸에 뭐가 나올지 질문합니다.

| 8 | 7 | 6 | 5 | | 3 | 2 | |

3. 와, 잘하는구나! 좀 더 어려운 걸 내야지.

| 1 | 3 | 5 | 1 | 3 | 5 | 1 | |

4. 이번엔 네가 문제를 내볼래? 엄마가 맞출게.

아이가 처음 문제를 내면 규칙이 맞지 않는 문제를 낼 수도 있습니다. 마음대로 나열하고 다음에 뭔지 맞추라는 식이지요. "1, 4, 3, 6, 2… 다음엔 뭘까요?" 이렇게 묻고선 무조건 8을 정답이라 우길 수도 있습니다. 아직 규칙에 대한 개념이 부족한 것이니 더 다양한 문제를 경험하도록 기회를 주세요.

응용 및 확장 활동

★ 처음엔 덧셈 순서, 뺄셈 순서, 2씩 더하기 등 아이의 수준에 맞게 문제를 만드세요.
★ 1, 1, 2, 2, 3, 3 이런 식으로 같은 숫자를 사용하여 반복하는 문제도 응용해주세요.
★ 아이가 단순한 문제라도 스스로 문제를 만들겠다고 하면 규칙이 맞지 않아도 많이 지지해주세요. 자꾸 반복하다 보면 논리적으로 타당한 문제를 낼 수 있게 됩니다.

엄마 아빠를 위한 Tip

아래 문제를 풀어보세요. ?에 들어갈 숫자는 무엇일까요?

2	7	4
3	9	5
5	8	2
1	?	1

문제를 보면 풀기는 어렵지만 알고 나면 너무 쉬운 규칙이 들어 있습니다. 가운데 숫자는 양쪽 숫자를 더한 수에 다시 1을 더한 숫자입니다. 그러니 정답은 3입니다. 이런 원리를 설명해주고 아이가 문제를 만들도록 격려해주세요. 점점 더 흥미진진한 수학의 세계로 빠져들게 될 테니까요.

6

눈이 반짝반짝! 신기한 과학놀이

종이의 신기한 힘

　명함 한 장으로 나무젓가락을 자를 수 있을까요? 당연히 안 될 거라고 생각합니다. 저 또한 그랬습니다. '명함으로 나무젓가락 자르기'는 누가 먼저 시작했는지 알려지지 않았지만 청소년 집단 상담에서 자주 활용하는 활동 중의 하나입니다.

　한 사람이 나무젓가락 한 짝을 양손으로 들고 있습니다. 다른 한 사람이 명함 한 장에 자신의 모든 에너지를 집중해서 힘 있게 내리치면 나무젓가락이 잘리는 것입니다. 한 번에 성공하기도 하고, 힘을 모아 집중하는 것이 서투른 아이는 여러 번 실패 끝에 겨우 성공하기도 하지요. 하지만 성공하는 순간 느껴지는 놀라움과 신기함, 마치 답답했던 눈앞이 훤히 열리는 느낌은 무척 강렬하게 마음에 남습니다.

　그런데 이상한 것은 여러 번 성공하고 나서도 시간이 지나면 다시 성공하지 못할 것 같은 느낌이 든다는 겁니다. 아무래도 약한 종이가 더 힘센 나무를 자르는 것이 어려울 거라는 고정관념이 더 강하기 때문이겠지요. 이럴 땐 다시 한 번 시도해봅니다.

제대로 집중해서 힘을 모아 내리치면 역시나 나무젓가락은 반으로 부러집니다. 참 신기합니다. 종이 속에 숨어 있는 힘을 온몸으로 깨달으며, 좌절했던 자신에 대해 반성하고 뭔가 희망과 기대를 갖게 되는 재미있고 놀라운 활동입니다.

종이는 이런 힘이 숨어 있습니다. 나무젓가락이 부러질 때의 성취감은 정말 특별합니다. 불가능하다고 생각했던 것이 실현되는 걸 보며 좌절했던 마음에 힘을 얻게 되고 세상을 다르게 볼 수 있는 중요한 계기가 됩니다.

신기함에 대해 이야기하고 싶습니다. 우리 아이가 느끼는 다양한 감정 가운데 학습 동기와 실행력을 쑥쑥 자라게 하는 아주 특별한 감정이 바로 '신기함'입니다. 신기한 걸 발견한 아이는 두 눈을 반짝이며 호기심을 갖고 더 배우고 싶어 합니다. 조금 어려워도 가르쳐달라며 공부하기를 힘들어하지 않지요.

이 신기함이라는 감정을 종종 느낄 수만 있다면 우리 아이는 날마다 뭔가를 배우고 익히고 스스로 탐구하고 연구하는 멋진 생활을 할 수 있을 겁니다. 멋진 기능을 가진 로봇 같은 첨단과학을 좋아하는 것도 너무 신기하기 때문이지요. 졸던 아이도 벌떡 일어나서 두 눈을 반짝이게 하는 그런 힘이 바로 신기함입니다.

이제 우리 아이의 일상에서 종이놀이로 신기함을 느끼게 해주면 좋겠습니다. 종이 한 장 속에 숨어 있는 엄청난 힘과 과학적 사실을 찾아가 보세요. 평소 과학에 관심이 없던 아이도 직접 해보겠다며 적극적으로 움직입니다.

물론 종이 한 장으로 아주 많은 과학적 사실을 배우는 것은 아닙니다. 하지만 약한 종이 한 장이 모이면 엄청난 힘을 발휘할 수 있다는 사실이 우리 아이에게 새로운 시각을 갖게 하고 희망과 기대를 품게 하여 더 큰 호기심과 의욕으로 또 다른 탐구와 연구를 계속하게 하는 상징적 의미가 될 것입니다.

  종이 속에도 이런 힘이 숨어 있는데, 우리 아이는 얼마나 큰 잠재력과 가능성을 품고 있을까요? 오늘 하루 종이의 신기한 힘을 느껴보시기 바랍니다.

엄마놀이 44 – 종이에 동전 많이 올리기

과연 종이 위에 동전을 몇 개나 올릴 수 있을까요? 10원짜리, 50원짜리, 100원짜리 동전이 각각 몇 개씩 올라가는지 실험해서 기록해보세요. 그 개수를 비교해보면 동전의 무게가 어떻게 차이 나는지도 알 수 있겠죠? 바로 이런 방식이 과학적 사고력의 기초가 된답니다. 아주 단순한 놀이지만 직접 실험한다면 과학적 탐구능력을 기를 수 있어요. 더 놀라운 건 이 종이 한 장을 어떻게 사용하는가에 따라 숨어 있던 종이의 힘이 발휘된다는 사실입니다. 종이 한 장에 동전을 얼마나 올릴 수 있는지 지금 당장 꼭 실험해보세요.

놀이방법

1. 책을 양쪽에 이렇게 쌓아놓고 여기에 종이를 올리자.

책을 아이 손 한 뼘 정도의 간격을 두고 양쪽에 같은 높이로 쌓아둡니다. 종이 한 장을 펴서 그 위에 올립니다.

2. 종이 위에 동전을 몇 개나 올릴 수 있을지 알아볼까?

100원짜리 동전을 가져와 올려봅니다. 종이가 떨어지지 않을 때까지 동전을 몇 개 올릴 수 있는지 실험합니다.

"한쪽에만 너무 많이 쌓으면 종이가 넘어질 수 있으니깐 균형을 잘 잡아서 최대한 동전을 많이 올려보렴."
"○○는 균형감각이 좋은 것 같아."
"종이 위에 동전을 쌓는 게 결코 쉬운 일이 아닌데 ○○는 정말 잘하는구나."

3. 책 사이의 간격을 다르게 해볼까?

책의 간격에 따라 종이가 버티는 힘이 달라지는 것도 경험해보세요.

4. **어떻게 하면 종이 위에 동전을 더 많이 올릴 수 있을까?**

"종이를 이런저런 모양으로 바꿔서 동전이 가장 많이 올라갈 수 있는 모양으로 만들어 보자."
"이렇게 부채 모양으로 접어볼까?"

5. **와! 부채처럼 접으니 간격이 똑같아도 훨씬 많이 올라가네. 신기하다.**

종이를 여러 형태로 바꿔가면서 동전을 쌓아보세요. 두 겹으로 접어서 쌓으면 훨씬 더 많이 올라가겠지요. 표를 만들어 모양과 개수를 쓰기만 해도 멋진 과학탐구 보고서가 완성된답니다.
"우리 종이 모양에 따라 몇 개씩 올라가는지 비교해서 적어보자."

응용 및 확장 활동

★ 종이 모양에 따라 쌓을 수 있는 양이 다르다는 걸 강조해주세요. 책의 간격에 따라 달라지는 현상도 경험해보면 좋겠습니다.

★ 책의 간격, 종이 사용 방법, 올라간 동전의 개수, 이렇게 3칸짜리 표를 만들고 기록해 가면 그야말로 인지적 재미에 흠뻑 빠지게 됩니다. 단순히 놀기만 한 것과는 달리 뿌듯한 성취감을 맛볼 수 있습니다. 기록의 중요성을 배우는 좋은 기회를 잘 살리시기 바랍니다.

★ 10원, 50원, 100원, 500원 등 동전의 종류를 다양하게 활용해보세요. 동전의 종류별 무게도 비교하게 된답니다.

엄마 아빠를 위한 Tip

1. 단순히 동전을 많이 쌓으려고 하기보다는 아이가 그 방법을 찾아가는 데 중점을 두세요.
2. 동전을 쌓다 보면 쓰러지는 경우가 많습니다. 아이가 좌절하지 않도록 격려의 말을 해주세요.
3. 놀이가 끝난 후 소감을 꼭 나누시기 바랍니다. 아이가 한 말을 그대로 표 아래에 기록해주세요. 아이가 성장하는 중요한 순간이니까요.
4. 실험 과정을 사진으로 찍어 마음 앨범에 올려주면 더 좋습니다.

엄마놀이 45 - 정전기 놀이

<u>종이는 전기가 통하지 않아요. 하지만 물체에 정전기를 일으켜 종이에 갖다 대면 종이가 춤을 춥니다. 빨대나 풍선을 옷이나 머리카락에 문지른 후, 잘라놓은 종잇조각에 갖다 대보세요. 종이가 움직이기 시작하지요. 재미있고 신기합니다. 자연스럽게 눈에 보이지 않는 정전기의 힘을 깨닫게 된답니다.</u>

놀이방법

1. **종잇조각을 만들 거야. 잘게 잘라주세요.**

    A4 용지, 신문지, 색종이를 손이나 가위로 잘게 조각냅니다. 모양이 다양하면 더 재미있습니다.

2. **빨대에 이 종잇조각들이 붙을까 안 붙을까?**

    이렇게 퀴즈를 내고 먼저 빨대를 종잇조각에 갖다 대보세요. 당연히 붙지 않습니다.

3. **엄마가 이제 마술을 부려서 빨대에 종잇조각을 붙게 할 거야.**

    "같이 해볼까?"

4. **빨대를 머리에 문지르기 시작!**

    하나, 둘, 셋 빠르게 세며 자신의 머리카락에 빨대를 문지릅니다. 비비는 속도가 빠를수록 정전기가 잘 일어납니다. 30 정도까지 세면 적당합니다.

5. **자, 빨리 종잇조각에 갖다 대세요.**

    30까지 세고 멈춘 후 바로 잘라놓은 종잇조각에 갖다 댑니다.

6. 야! 종이가 춤을 추네.

정전기가 생겨 종잇조각이 빨대에 붙게 됩니다. 누가 더 많이 붙이는지, 얼마나 오래 붙여 놓는지 살짝 경쟁하듯 놀아보세요.

7. 이번엔 풍선으로 해볼까?

충분히 비벼준 풍선을 아이가 직접 종이에 가져다 대게 해서 종이가 달라붙는 것을 체험할 수 있게 해주세요.

"이것 봐봐! 종이들이 풍선에 찰싹 달라붙었어!"

"종이가 달라붙는 게 참 신기하지?"

"○○가 열심히 정전기를 만들어준 덕분에 이렇게 잘 달라붙는 것 같아."

8. 종이 말고 또 달라붙는 게 있나 찾아보자!

머리카락같이 풍선에 달라붙는 게 있나 아이들과 함께 찾아봅니다.

"봐봐 풍선에 머리카락을 가져다 대니깐 머리카릭이 붕 뜨네."

"○○가 직접 만든 정전기로 이렇게 재밌게 놀 수 있으니 너무 기분이 좋아."

응용 및 확장 활동

★ 정전기를 일으키는 물체를 더 많이 찾아보세요. 어디에 문지르면 정전기가 더 잘 일어나는지 비교해보는 것도 재미있답니다.

엄마 아빠를 위한 Tip

1. 눈에 보이지 않는 '힘'에 대해 이야기할 수 있는 좋은 놀이입니다. 다양하게 응용해서 이야기를 나누어보세요.
2. 풍선을 문질러서 벽지에 붙여보세요. 풍선이 떨어지지 않는다는 사실에 아이들은 무척 신기해합니다. 의욕이 없거나 무기력한 아이에게 힘을 주는 아주 좋은 놀이입니다.
3. 생활 속에서 정전기를 찾아 이야기를 나누어보세요. 랩이 그릇에 달라붙는 이유도 정전기 덕분이지요. TV 브라운관에 먼지가 잘 붙는 것도 정전기 때문입니다. 조금씩 사고를 확장해가는 게 바람직합니다.
4. 아이들이 정전기를 이용해서 엄마의 머리카락을 흩트려놓더라도 화를 내기보다는 웃으면서 그러지 말아야 할 합리적인 이유를 설명해주세요.
5. 풍선은 너무 세게 문지르면 터질 수도 있으니 미리 조심히 다루도록 알려주세요.

엄마놀이 46 — 8조각 탑 쌓기

종이 한 장을 8조각으로 잘라 탑을 쌓아요. 아무런 도구 없이 그냥 접거나 말기만 해야 해요. 과연 누가 더 높이 쌓을 수 있을까요? 풀이나 테이프로 붙일 수만 있어도 높이 쌓는 건 어렵지 않습니다. 하지만 종이로만 쌓는다면 입김을 잘못 불어도 넘어져 버려요. 종이 탑의 구조, 무게 중심, 바람의 영향을 모두 생각해야 하지요. 재미있는 건 그래서 더 잘 몰입하게 된다는 사실입니다. 아이도 어른도 좋아하는 놀이지요. 무너져도 다시 쌓기를 무한 반복할 수도 있어요. 물론 자꾸 무너지면 짜증이 살짝 나겠지만 더 중요한 건 그 과정이지요. 가족이 함께 겨루기를 해보길 바랍니다. 서로의 아이디어가 달라 탑 모양도 아주 다르지요. 함께 배우고 성장하는 시간이 될 겁니다.

놀이방법

1. 종이를 잘라 탑 쌓기 놀이를 할 거야.

"종이로 탑을 쌓을 수 있을까?"
"어떤 모양의 탑을 쌓고 싶어?"
"종이를 접거나 말아서 자유롭게 사용하면 돼."
"더 높이 쌓기 위해 생각을 잘해야 해."

2. 제한시간은 없어. 성공하면 알려줘.

탑을 쌓아서 넘어지지 않으면 완성입니다. 더 높이 쌓기 위한 아이디어가 필요하겠지요.
"높이 쌓고 싶은 욕심이 앞서면 쉽게 넘어질 수도 있지."
"안전하게만 쌓다 보면 높이가 너무 낮아질 수 있어."

3. 신중하게 잘하는구나.

아이가 탑을 쌓는 모습을 보며 중간중간 지지와 격려하는 말을 해주세요.
"와! 조심조심 잘 쌓는구나."
"어떻게 그런 생각을 했어?"

4. 안전을 중요시하는구나.
높이 쌓고 싶구나.

아이가 쌓는 모습을 보면 아이의 심리적 특징이 나타납니다. 어느 쪽이든 우선 지지해주고 주의점을 알려주는 것도 좋습니다.
"안전하면서 높이 쌓는 방법도 연구해봐."
"높게 쌓으면서 안전한 방법도 연구해봐."
"넌 분명히 좋은 아이디어를 찾을 수 있을 거야."

5. 야! 완성이다!

높이에 따라 승패가 나뉘지만 누가 이기든 각자의 탑에 대한 장점을 서로 이야기해주세요.
"네 탑은 진짜 튼튼하다. 더 올려도 되겠다."
"탑을 높이 쌓는 아이디어가 정말 좋아."

6. 종이로 탑을 쌓아보니 어때?

"탑을 쌓으면서 특별히 중요하게 생각한 점은 뭐야?"
"잘 쌓고 싶은데 자꾸 쓰러질 땐 어떤 생각이 들었어?"
"네가 잘한 점이 뭐라고 생각해?"
"엄마는 뭘 잘한 것 같니?"

응용 및 확장 활동

- 종이 여러 장으로 더 높이 쌓기, 쌓을 수 있을 때까지 쌓아보기도 좋습니다. 균형감각도 익히고 욕심을 부리면 안 된다는 것도 배우게 되지요.
- 종이를 더 작게 오리거나 여러 장으로 시도해보면 여러 가지 물리적 특징도 알게 됩니다.

엄마 아빠를 위한 Tip

1. 몇 번의 도전으로 완성할 수 있는 정도의 조각 수가 좋습니다.
2. 실행하면서 여러 번 실패할 겁니다. 욱해서 종잇조각을 구겨버릴 수도 있고, 안 한다고 팽개칠 수도 있어요. 칭찬과 격려를 적절히 활용하여 끝까지 도전하도록 도와주세요.
3. 아이가 포기하려고 하면 "종이가 너무 힘이 없어서 그렇구나. 그럼 다른 종이로 해볼까?"라고 말해주세요. 도화지나 잡지 등 좀 더 두꺼운 종이는 쉽게 성공할 수 있습니다. 성공 후 다시 A4 용지로 도전하도록 이끌어주세요.
4. 화려한 세러모니를 해주세요. 완성된 탑 앞에서 사진을 찍고 인화해서 전시해주세요. 그냥 허물어버리기엔 너무 아까우니까요.

종이에 글을 쓰고 그림을 그려 엮으면 책이 됩니다. 그런데 분명히 썼는데 내가 쓴 글과 그림이 없어졌어요. 어디로 사라졌을까요? 아이가 놀란 사이에 다시 한 번 마법을 부리면 글과 그림이 나타난답니다. 이렇게 신기한 마법책을 만들어보세요. 어떤 원리가 숨어 있을까요? 아이와 함께 마법책의 비밀을 연구해보기 바랍니다.

놀이방법

1. **우리 그림이 나타났다 없어졌다 하는 마법책을 만들어보자!**

   종이 두 장과 가위, 색연필을 준비합니다.
   "차근차근 순서대로 만들어볼까요?"

   ① 먼저 두 장을 겹쳐서 세로로 반 접어준 후, 두 면이 떨어진 부분을 약 2cm 정도 접어서 선을 만듭니다.
   ② 한 장은 따로 놓아두고, 종이 한 장을 다시 편 후 가로로 반 접어줍니다.
   ③ 반 접힌 상태에서 한 번 더 가로로 반 접어 4등분의 선을 만듭니다.
   ④ 다시 펴서 종이가 붙어 있는 쪽에서 가로 선을 따라 2cm 선까지만 가위로 자른 후 그대로 둡니다.
   ⑤ 다른 종이에서 2cm 접은 선을 따라 잘라냅니다. 남은 종이를 절반으로 잘라줍니다.
   ⑥ 처음 종이에 두 번째 잘라놓은 종이를 세로 선을 기준으로 한쪽씩 지그재그로 끼워 넣습니다.

2. 이제 각각 다른 그림 2개를 그려 넣어보자!

먼저 한 면에다가 아이가 그리고 싶은 그림 하나를 그려 넣습니다. 종이를 뒤로 접은 후 가운데 부분을 열어보면 숨었던 면이 나타납니다. 그 위에 다른 그림 하나를 또 그려 넣습니다. 빨간 사과/파란 사과, 웃는 토끼/우는 토끼처럼 상반되는 그림을 그리면 더 재미있습니다.

3. 그림 그리는 모습을 많이 칭찬해주면 더 열심히 그린답니다.

"우리 ○○는 그림을 정말 예쁘게 그리는구나."
"○○가 그린 그림을 보면 엄마가 마음이 따듯해져."

4. 이제 마법책이 마술을 부릴 거야!

만들어진 마법책을 앞뒤로 접었다 폈다 하면 각기 다른 두 그림이 보였다가 보이지 않았다가 합니다.
"사, 여기 빨간 사과가 있어요. 하나, 둘, 셋 사라져라 얍!"
이렇게 소리치며 책을 뒤집어보세요. 사과가 사라지고 아무 그림도 없답니다.
"어? 사과가 어디로 사라졌지?"

"빨간 사과 나오라고 주문을 외쳐야 해. 따라 해봐. 수리수리 마수리 빨간 사과 나와라 얍!"

"어! 파란 사과가 나왔네. 빨간 사과는 어디로 사라졌을까?"

5. <u>신기하지? 무슨 원리로 이런 마술이 일어나는 걸까?</u>

"○○가 너무 잘 만들어서 그런지 책이 마술도 부리는구나."

"알고 보면 ○○가 마술사인 거 아닐까?"

응용 및 확장 활동

★ 이야기를 만들며 마법책 놀이를 하면 더 재미있습니다.

예 "토끼가 울고 있어요. 어? 사라져버렸네. 어디로 갔을까? 친구가 큰 소리로 불러주니 토끼가 다시 온 것 같아요. 하나, 둘, 셋 토끼 나와라 얍! 와, ○○가 부르니까 기분이 좋아졌나 봐. 활짝 웃고 있네.

엄마 아빠를 위한 Tip

1. 아이가 그리고 싶어 하는 그림을 자유롭게 그리도록 허락해주세요.
2. 마법책 만드는 과정을 아이가 헷갈릴 수 있으니, 엄마가 차례로 시범을 보이며 따라 하도록 합니다. 어려워하면 도와주세요.
3. 아이가 다 완성하면 정말 대단하다고 격려의 말을 꼭 해줍니다.
4. 아이가 신기해하면 엄마도 과장해서 놀라는 표정으로 아이에게 공감해주세요.
5. 아이가 혼자 힘으로 만들 수 있도록 연습할 기회를 주세요.

엄마놀이 48 - 비밀편지 쓰기

아이에게 비밀편지를 전해주세요. 정말 비밀스러운 말, 너무너무 중요한 말을 편지에 쓰는 겁니다. 하지만 다른 사람이 보면 아무것도 안 쓰여 있는 비밀편지여야 한답니다. 이런 비밀편지를 만들 수 있다면 아이들이 무척 재미있어하겠지요. 비밀편지를 만드는 비법을 배우며 몰랐던 과학적 사실도 알게 되고, 서로의 마음을 전하는 비밀편지 덕분에 더 행복한 시간을 보낼 수 있답니다.

놀이방법

1. 다른 사람들은 봐도 알 수 없는 비밀편지를 만들어보자.

식초를 컵에 조금 따른 후 붓이나 면봉을 식초에 살짝 묻혀서 종이에 글자를 씁니다.
"지금은 종이에 글자를 써도 아무것도 보이지 않네?"
"엄만 잘 안 보여도 글씨를 예쁘게 써야지."

2. 자, 그럼 이제 비밀을 밝혀볼까?

종이가 마른 후 양초를 준비하여 불을 붙입니다. 종이를 불에 살짝 그을리면 보이지 않던 글자가 보이기 시작합니다.
"우와, 이것 봐봐! ○○가 쓴 비밀편지가 보이기 시작했어!"
"아까 글씨 쓸 때는 보이지 않아서 쓰기 어려웠을 텐데도 정말 예쁘게 적었구나."

3. 이제 본격적으로 비밀편지를 써볼까? 누구에게 쓰고 싶니?

아빠, 엄마, 형, 동생이 서로에게 비밀편지를 읽어보는 시간을 가져보세요. 우리 가족만의 특별하고도 행복한 시간이 된답니다. 글을 아직 모르는 아이에겐 선물로 주고 싶은 그림을 그리게 하면 됩니다.
"또 비밀편지를 써주고 싶은 사람이 있으면 언제든지 써보렴."

4. 주의할 점. 절대 혼자서는 하면 안 돼요. 불은 위험하니까. 약속!
아이 혼자서는 위험하니 절대 혼자서 하지 않기로 약속합니다.

응용 및 확장 활동

★ 레몬즙으로도 비밀편지를 쓸 수 있습니다. 원리는 간단합니다. 식초의 성분은 아세트산, 레몬즙의 성분은 시트르산입니다. 이 속엔 산소, 수소, 탄소가 들어 있지요. 불로 가열하면 종이에 포함된 수분 성분인 산소와 수소는 모두 날아가고, 탄소 성분이 남아 글씨가 까맣게 보이는 것입니다.

★ 비타민C 가루, 소다, 설탕을 녹인 물로도 비밀편지 쓰기를 시도해보세요.

★ 양초로 글을 써도 비밀편지가 가능합니다. 단, 양초로 쓴 글은 물에 적셔야 볼 수 있어요. 양초의 파라핀 성분은 물에 잘 젖지 않으므로 종이를 물에 담그면 젖는 부분과 그렇지 않은 부분이 구별되어 글씨를 알아볼 수 있게 된답니다.

엄마 아빠를 위한 Tip

1. 굳이 편지가 아닌 그림을 그리거나 숫자를 적어도 좋으니 아이가 적고 싶은 것을 적게 하는 것이 좋습니다.
2. 불을 사용하는 놀이인 만큼 위험하지 않도록 주의를 기울입니다.
3. 아이가 다른 사람에게도 비밀편지를 쓰고 싶어 하면 얼마든지 쓰게 해주세요. 단, 촛불을 사용할 땐 꼭 어른들이 있는 곳에서 허락받고 해야 함을 강조해주세요.

엄마놀이 49

종이 한 장으로 코끼리 통과시키기

종이 한 장에 코끼리 몸을 통과시킬 수 있을까요? 이게 가능해지려면 종이 한 장을 끊어지지 않게 아주 크게 잘라야 합니다. 과연 그런 방법이 있을까요? 이 방법을 처음 배운 건 중학교 시절이었습니다. 어찌나 신기하던지 2~3일 동안 만나는 사람마다 설명해주고 시범을 보였던 기억이 납니다. 요즘 아이들도 무척 신기해합니다. 종이 한 장을 이렇게 다양하게 응용해서 놀 수 있을 줄은 미처 몰랐다며 즐거워합니다. 이 신기함을 몸소 체험하려면 온 가족이 함께 종이 한 장을 통과해보는 것도 좋겠습니다.

놀이방법

1. 몸으로 종이를 통과할 수 있을까?

"A4 용지로 코끼리도 통과할 수 있대."
"큰 고리 모양을 만들어야겠네. 어떻게 하면 만들 수 있을까?"
"종이가 끊어지면 안 되겠지?"

2. 이건 좀 어려운 방법이라 엄마가 가르쳐줄게.

끊어지지 않고 고리 만드는 방법을 아이에게 가르쳐주세요.
"길게 반으로 접어서, 이렇게 세로 선을 똑같은 간격으로 그을 거야."
"처음이니까 넉넉하게 3cm 정도 폭으로 그을게."
"한 번은 왼쪽 끝을 1cm 남기고, 또 한 번은 오른쪽 끝을 1cm 남기는 거야."

3. 그림은 다 그렸고 이제 자를 차례야.

"선을 그은 부분만 가위로 자를 거야."

"아까 남긴 부분을 모르고 잘라버리면 끊어지겠지?"
"자, 조심조심 자를게요."

4. 다 잘랐다. 이제 펴볼게.

"진짜 큰 고리가 되었네?"
"이제 몸을 통과해보자."
"목걸이로 사용해도 되겠다. 그치?"

5. 엄마가 만드는 방법 잘 봤어?

"기억을 살려서 한번 만들어볼까?"
"몇 번 정도 만들어보면 혼자서도 잘하게 될 거야."
"뭔가를 잘하게 되려면 10번 정도 연습하면 돼."
"한번 시작해보자."

6. 야, 완성했다! 끝까지 잘하는구나.

아이가 도움을 받아 잘 만들 수 있게 도와주세요. 혼자 도움 없이도 만드는 데 익숙해지도록 가끔 만들기를 시도하면 재미있습니다.
"하다 보니 점점 더 잘하게 되네."
"점점 가늘게 만들 수 있을 것 같아."
"더 가늘게 하면 진짜 코끼리가 통과할 수 있겠지?"

응용 및 확장 활동

★ 색종이, 광고지, 잡지, 달력 등 다양한 종이로 시도해보세요. 금은색지, 펄구김지 등 반짝이는 종이는 알록달록 장식으로 활용해도 무척 예쁘답니다. 더 작게도 해보고 더 크게도 만들어보세요.

★ 또 한 가지 방법이 있어요. 뫼비우스의 띠 아시죠? 띠를 만들어 중간에 선을 길게 그어주세요. 그 선을 따라 가위로 오리면 됩니다. 그럼 더 큰 동그라미가 완성된답니다. 그렇게 만들어진 커다란 뫼비우스의 띠에 한 번 더 선을 긋고 잘라보세요. 이번엔 2개짜리 동그라미가 만들어질 거예요. 이런 변화무쌍한 현상에 아이의 신기함과 호기심이 더 커지겠지요?

엄마 아빠를 위한 Tip

1. 선을 긋는 작업을 꼼꼼히 하도록 도와주세요. 선을 긋는 동안 아이가 꼼꼼하게 잘 하고 있음을 칭찬해주세요.
2. 가위질할 때도 조심조심 신중하게, 한 번의 성공을 위해 정성을 들이는 것이 중요하다는 말도 해주시기 바랍니다.
3. 오리기까지 완성하면 조심스레 펴서 얼마나 큰 고리가 되었는지 길이를 재고 기록해둡니다. 이때 선의 폭에 따라 달라지는 길이를 표로 그려 한눈에 볼 수 있게 도와주세요.
4. 완성한 소감을 아이와 이야기 나눌수록 더 많은 걸 깨닫게 됩니다.

엄마놀이 50

돌돌 만 종이 위에 그림책 놓고 올라서기

이 얇은 종이에 얼마나 큰 힘이 숨어 있을까요? 종이 한 장을 돌돌 말아 원기둥을 만들어보세요. 그 위에 그림책을 올려보세요. 꽤 무게가 있는 책도 잘 견디는 걸 알 수 있습니다. 그렇다면 우리 아이가 거뜬히 올라가서 설 수 있으려면 몇 장의 종이 원기둥이 필요할까요? 아이와 퀴즈 풀듯 이야기를 나누어보세요. 그리고 꼭 실험해보세요. 종이의 신기한 힘에 아이가 괴성을 지를 수 있으니 놀라지 마시길!

놀이방법

1. 이렇게 약해 보이는 종이가 생각보다 얼마나 강한지 알아보자.

종이 여러 장과 테이프 혹은 딱풀, 적당한 크기의 상자 뚜껑과 종이 위에 올릴 그림책을 준비합니다. 종이를 돌돌 말아준 후 풀리지 않도록 테이프나 풀로 붙여주세요. 만든 원기둥 여러 개를 종이 상자 안에 밀착해서 세워줍니다. 그 위에 그림책을 올려주세요.

"이제 무거운 물체를 올려볼까?"
"그림책 위에 장난감 자동차나 돼지 저금통도 올려보자."
"우와~ 이렇게 무거운 물건도 올라가는 게 참 신기하지?"
"비록 약한 힘이라도 이렇게 강하게 사용될 수 있구나!"

2. 또 올려보고 싶은 것 있으면 가져와서 올려보자!

"이번엔 책이 몇 권이나 올라가나 볼까?"
그림책을 한 권씩 세어가며 차례로 올려보세요. 과연 몇 권이나 올라갈지 종이 원기둥이 찌그러지기 시작할 때까지 올려보세요.

3. 종이의 힘은 여기서 끝이 아닌 것 같아! 이번엔 네가 직접 올라가 볼까?

아이의 몸무게에 따라 성공 여부가 달라질 수 있습니다. 꼭 성공하고 싶다면 도화지로 시도하면 됩니다. 균형을 잘 맞춰서 아이가 올라갈 수 있게 도와주세요.

"종이 위에 올라갈 수 있다니 너무 신기하다."

"이렇게 균형을 잘 맞추기도 어려운데 ○○는 균형감각이 참 좋구나."

종이 위에 올라서는 또 다른 방법

삼각기둥, 사각기둥, 육각기둥, 원기둥 중에서 누가 더 힘이 셀까요?

① 종이 한 장으로 각각의 기둥을 만듭니다. A4 용지를 세로로 길게 접어 풀칠할 구간 1cm를 접습니다.

② 삼각기둥, 사각기둥, 오각기둥, 육각기둥, 원기둥을 만듭니다.

③ 이제 완성된 각각의 기둥에 그림책을 올려봅니다. 올리는 책의 순서를 똑같이 해서 권수를 비교해보세요.

④ 비교한 수치를 표에 기록해보세요. 멋진 탐구보고서가 완성됩니다.

기둥의 종류	버틴 책의 수
삼각기둥	5권에서 무너짐
사각기둥	7권에서 무너짐
오각기둥	9권에서 무너짐
육각기둥	10권에서 무너짐
원기둥	12권에서 무너짐

⑤ 그림책의 크기 두께에 따라 결과는 달라질 수 있습니다.

⑥ 그림책을 올릴 때 가운데 지점에 놓는 것이 중요합니다. 균형이 잘 맞을수록 더 많이 올릴 수 있습니다.

결론: 삼각기둥에서 시작해서 각이 많아질수록 책의 무게를 많이 견딘다. 원기둥이 무게를 가장 많이 견딜 수 있다.

엄마 아빠를 위한 Tip

1. 종이는 구부리는 힘이 약하지만, 밀고 당기는 힘은 강하다는 사실을 알려주세요. 그래서 기둥으로 만들면 힘이 세지는 것입니다.
2. 종이 원기둥 위에 그림책을 올리고 사람이 올라설 수 있는 건 몸무게가 분산되기 때문입니다. 잘 분산시키기 위해 균형을 잡는 것이 중요하지요.
3. 무거운 책이 무너질 때 발을 찧을 수 있으니 균형을 잘 맞추고 조심하도록 합니다.
4. 최대한 아이가 쌓고 싶은 걸 쌓을 수 있게 하되 잘 깨지거나 위험한 물건은 왜 안 되는지 설명하고 다른 물건을 쌓게 해주세요.
5. 약한 힘이 모이면 강한 힘을 낼 수 있다는 사실, 우리가 알지 못하는 과학의 힘이 숨어 있다는 사실에 대해 서로 의견을 나누어보세요. 아이가 말을 많이 할수록 더 잘 깨닫게 된답니다.

참고문헌

- 남궁담, 《종이는 힘이 세다》, 현암사, 2012
- 이임숙, 《상처 주는 것도 습관이다》, 카시오페아, 2014
- 이임숙, 《엄마의 말공부 2》, 카시오페아, 2015
- 임혁 외, 《교실로 간 아인슈타인》, 가람기획, 2006
- 전도근, 《주의집중력 향상전략》, 학지사, 2010
- 조효임, 〈그림노래놀이 연구〉, 《한국초등교육 20-2》, 2010
- E. 리처드 처칠 외(2015), 《초등학생을 위한 과학실험 380》, 바이킹, 2015
- 사카이 카오루, 《신기한 과학마술》, 대교출판, 2000
- 김미란, 〈유아가 경험하는 종이의 의미〉, 세종대학교 교육대학원 석사학위논문, 2009
- 김은정, 〈윷놀이와 사방치기를 활용한 수학 활동이 유아의 수학 개념과 수학 접근 태도에 미치는 영향〉, 한국교원대학교 석사학위논문, 2007
- 천지혜, 〈어머니의 유아놀이 신념과 유아의 놀이성 간의 관계〉, 연세대학교 대학원 석사학위논문, 2011
- 네이버 어린이백과, 〈과학왕의 초간단 실험노트 1: 종이의 힘자랑〉
- 여성신문, 〈아이와 함께 하는 과학실험〉, 2008년 1월 4일

종이 한 장으로
모두 함께 행복해지세요~

하루 10분, 엄마놀이

초판 1쇄 발행 2016년 3월 21일
초판 14쇄 발행 2023년 10월 27일

지은이 이임숙
펴낸이 민혜영
펴낸곳 (주)카시오페아 출판사
주소 서울시 마포구 월드컵북로 402, 906호 (상암동 KGIT센터)
전화 02-303-5580 | **팩스** 02-2179-8768
홈페이지 www.cassiopeiabook.com | **전자우편** editor@cassiopeiabook.com
출판등록 2012년 12월 27일 제2014-000277호

ⓒ이임숙, 2016
ISBN 979-11-85952-35-2 13590

이 책은 저작권법에 따라 보호받는 저작물이므로 무단 전재와 무단 복제를 금지하며, 이 책의 전부 또는 일부를 이용하려면 반드시 저작권자와 (주)카시오페아 출판사의 서면 동의를 받아야 합니다.

- 잘못된 책은 구입하신 곳에서 바꿔 드립니다.
- 책값은 뒤표지에 있습니다.